Charles
CHAPLIN
PROD.
"COMEDY OF MURDERS"
Totheroh
2 8 9 A
1

David Robinson est un historien du cinéma de renommée internationale. Il a longtemps été le critique attitré du *Financial Times*, puis du *Times*, et il continue de collaborer régulièrement à ces deux journaux. Il est l'auteur de nombreux ouvrages, dont *Chaplin : The Mirror of Opinion*; *Music of the Shadows*; *Masterpieces of Animation, 1883-1908*, et en traduction française *Buster Keaton*, *Panorama du cinéma mondial* et *Chaplin, sa vie, son art* (édition abrégée de l'ouvrage original). Il fait autorité sur les débuts du cinéma et a organisé plusieurs expositions sur ce thème comme sur d'autres touchant au septième art.

Dépôt légal : mai 1995
Numéro d'édition : 71414
ISBN : 2-07-053317-4
Imprimé en Italie

CHARLOT
ENTRE RIRE ET LARMES

David Robinson

traduit de l'anglais par Frédéric Maurin

DÉCOUVERTES GALLIMARD
CINÉMA

Charlie Chaplin ne commença pas sa vie sous les meilleurs auspices, tant s'en faut. Celui qui, sous les traits du «vagabond», allait devenir le personnage le plus célèbre et le plus adulé du monde, grandit à Londres, à la fin du siècle dernier, dans des conditions de pauvreté et de dénuement qui rappellent les romans de Charles Dickens. D'ailleurs, il n'est sans doute pas indifférent qu'*Oliver Twist* soit toujours resté son livre de chevet.

CHAPITRE PREMIER
UN ENFANT DU MUSIC-HALL

Dans le quartier de Londres où Chaplin passa son enfance régnaient misère et tristesse : rien de romantique pour la vedette du *Casey's Court Circus* (à gauche, Charlie à seize ans). Mais c'est avec nostalgie que l'adulte allait recréer cette atmosphère dans *Les Feux de la rampe*.

Hannah, la mère de Chaplin (à gauche, vers 1885), échoua dans sa vocation de «soubrette» de music-hall. Elle restait assise à la fenêtre avec ses enfants, regardait les passants dans la rue et tentait de deviner leur tempérament d'après leur démarche. Un sens de l'observation dont héritera son fils.

C'est dans un quartier pauvre de Londres, situé au sud de la Tamise et regroupant les paroisses de Lambeth et de Southwark, que Chaplin allait passer presque toute son enfance. C'est encore là, en 1885, que convolèrent ses parents, Charles Chaplin et Hannah Hill. Chaplin senior avait alors vingt-deux ans et Hannah à peine vingt. Ils nourrissaient l'un et l'autre la passion de la scène : Charles se présentait comme «chanteur professionnel» et, peu après leur mariage, Hannah se produisit sur plusieurs scènes de music-hall sous le nom de Lily Harley. En cette fin de l'ère victorienne, ce genre de spectacle était au faîte de sa gloire : le pays comptait plus de deux cent soixante-dix théâtres spécialisés, dont trente-six dans la seule capitale.

Un père chanteur, une mère actrice

Charles Chaplin senior devint rapidement un artiste de music-hall, artiste mineur jouissant toutefois d'une renommée assez grande pour apparaître en portrait sur les partitions des années 1890. Quant à Hannah, sa carrière ne fut guère florissante. Elle ne se produisait que dans les plus petits théâtres, et son nom figurait tout en bas de l'affiche. Malgré cet échec, son fils devenu célèbre aimait à souligner qu'elle avait été une comédienne vraiment douée, et que c'était d'elle qu'il tenait son art de la pantomime comme son talent d'observation.

A l'époque de son mariage, Hannah avait déjà un fils de trois mois, Sydney, dont le père ne fut jamais identifié. Quant au grand Charles Spencer Chaplin, il naquit le 16 avril 1889, sans doute dans East Street, dans le quartier de Lambeth, bien qu'il n'existe aucun acte de naissance ni aucun extrait de baptême pour l'attester.

Sur cette partition datant de la fin du siècle dernier, on reconnaît Charles Chaplin père. La chansonnette en question, *She must be pretty, she must be witty* («Elle doit être jolie, elle doit avoir de l'esprit») raconte non sans malice les aventures d'un homme qui cherche chaussure à son pied. Espérant qu'en plus d'être jolie et pleine d'esprit, sa conquête possédera aussi quelque fortune…

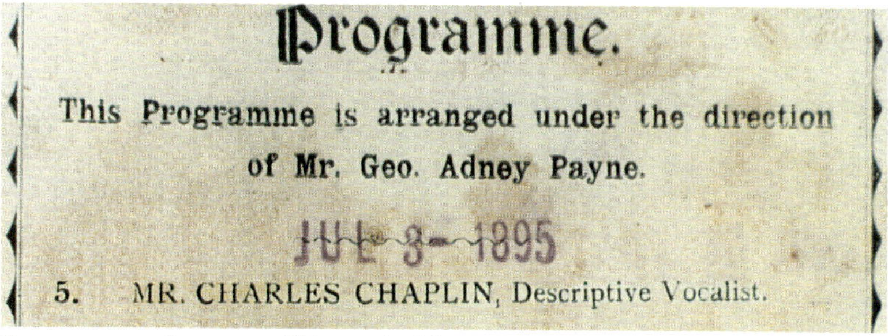
Programme.

This Programme is arranged under the direction of Mr. Geo. Adney Payne.

JUL 3 - 1895

5. MR. CHARLES CHAPLIN, Descriptive Vocalist.

Pauvrement vêtus, tenaillés par la faim

Le jeune Charles avait tout juste un an lorsque son père partit en tournée dans les théâtres de vaudeville américains. Restée seule à Londres, Hannah noua alors une liaison avec une vedette du music-hall, Leo Dryden, dont elle eut un troisième fils, Wheeler. Comment s'étonner qu'à son retour des Etats-Unis Chaplin père ait abandonné sa famille qui s'était agrandie sans qu'on lui demande son avis !... Il devait mourir dix ans plus tard, à trente-sept ans, ravagé par l'alcool.

Hannah se retrouva de nouveau seule : elle fut abandonnée par Leo Dryden, qui ne revint que pour lui enlever leur fils Wheeler, âgé de six mois – elle n'allait le revoir que trente ans plus tard. Désormais il lui fallait élever ses deux autres fils de son mieux. Le tribunal avait condamné Charles senior à lui verser une pension, mais celui-ci rechignait à s'exécuter. Hannah gagnait chichement sa vie en faisant des travaux de couture. Mal habillés, souvent tenaillés par la faim, les garçons vivaient dans la misère, sous les combles, et la famille ne cessait de déménager à la recherche d'un logement moins coûteux.

A l'orphelinat de Hanwell

En juin 1895 – Sydney avait alors dix ans et Charles six – Hannah manifesta des symptômes de déséquilibre mental. Après un premier séjour à

L'alcoolisme, qui emporta le père de Charlie, était alors le fléau des music-halls londoniens (en haut, programme d'un spectacle où il chantait). Comme les profits des propriétaires de théâtre dépendaient des ventes d'alcool, les artistes étaient invités à se mêler aux clients et à les faire boire... en donnant eux-mêmes l'exemple. Une habitude qui se transforma en accoutumance pour le père de Chaplin.

l'hôpital, elle retrouva sa famille mais au début de l'été 1896 son état de santé empira de nouveau. Les deux frères furent alors confiés à la Poor Law School de Hanwell, un orphelinat situé dans les faubourgs de Londres. Ce n'était pas vraiment un endroit inhumain : il y avait une piscine, les pensionnaires étaient logés au chaud, habillés et nourris, et certains possédaient une brosse à dents...

Mais Charles, qui était un enfant sensible, y souffrit d'un grand manque affectif, surtout lorsqu'on fit embarquer son frère sur le navire-école *Exmouth*, destiné à former les enfants pauvres aux métiers de la marine. Sydney allait plus tard faire fructifier cette formation, qui comprenait notamment des cours de gymnastique et de musique.

Après plus d'un an et demi de séparation, les deux garçons retrouvèrent enfin leur mère et reprirent leur existence précaire et errante. Mais Hannah replongea dans la folie, fut internée, et ses fils de nouveau placés en foyer. En septembre 1898, durant quelques semaines, ils emménagèrent avec leur père et sa nouvelle maîtresse. Piètre solution : le père était souvent ivre et sa maîtresse, qui avait déjà un enfant, n'appréciait guère d'avoir deux autres garçons à charge. Aussi le soulagement fut-il général quand Hannah, sortie de l'hôpital, repartit avec ses fils.

Les premiers gags

Le destin du jeune Charlie connut alors un revirement spectaculaire. En 1898, cinq mois avant son dixième anniversaire, il entama une carrière d'artiste professionnel qu'il n'allait plus quitter. Sans doute son père s'était-il rendu compte de ses talents de mime lorsqu'il l'avait hébergé, et avait-il persuadé William Jackson, l'une de ses connaissances dans le milieu du music-hall, d'engager son fils dans sa troupe d'enfants, les Huit Gars du Lancashire (The Eight Lancashire Lads). Chaplin s'initia à la danse en sabots et, au bout de six semaines, le 24 décembre 1898, il fit ses débuts sur la scène au Theatre Royal à Manchester dans un spectacle intitulé *Babes in the Wood*. Les deux années suivantes, il partit en tournée en Angleterre avec cette troupe.

En 1897, à l'âge de sept ans, Charlie Chaplin fut pensionnaire à l'orphelinat de Hanwell (The Central London District Poor Law School), dans la banlieue de Londres. On le reconnaît au centre, parmi ses petits camarades d'infortune.

L'orphelinat de Hanwell était une vieille bâtisse, mais les règles de vie, correspondant aux normes en vigueur dans la fin des années 1890, n'étaient pas trop sévères. Les aires de jeux étaient assez grandes, les dortoirs étaient chauffés et aérés, et la nourriture était somme toute correcte. Mais le jeune Charlie Chaplin s'y sentit très isolé de sa famille.

Le music-hall offrait un apprentissage unique dans les arts de la scène. Tout programme comprenait entre douze et vingt numéros individuels qui se disputaient âprement la faveur d'un public impatient, exigeant, parfois hostile et turbulent. Les artistes – et même une troupe de danseurs enfants – devaient savoir s'imposer dès l'entrée en scène et tenir les spectateurs en haleine.

C'est avec fierté que Chaplin adulte a évoqué les présentations de *Cendrillon* au London Hippodrome, qui venait d'ouvrir, où les Gars du Lancashire jouaient des animaux. Lui-même tenait le rôle d'un chat. Un soir, il improvisa un gag : il leva la patte arrière contre un pilier de l'avant-scène en imitant certaine position propre à la race canine. Le public fut conquis, mais non la direction du théâtre, qui

l'empêcha de recommencer, craignant les foudres de la censure, alors très sévère. Dès lors, Chaplin ne put concevoir son avenir ailleurs que dans le milieu du spectacle.

Garçon de courses, groom et employé

Au début de l'année 1901, Charles quitta les Gars du Lancashire. Hannah, de nouveau sortie de l'hôpital, avait apparemment décidé que cette existence ne lui valait rien. Durant les deux années qui suivirent, il semble avoir vécu au jour le jour dans les rues de Lambeth et de Southwark. Dans son autobiographie, *Histoire de ma vie*, il évoque les petits métiers qu'il occupa pour subvenir à ses besoins et à ceux de sa mère : tour à tour garçon coiffeur, garçon de courses chez un droguiste, chez un docteur et groom dans un hôtel. Il fut aussi employé dans une papeterie, une verrerie et une imprimerie, s'essaya à la vente de vieux vêtements sur le marché et aida des marchands ambulants à fabriquer des jouets.

Quant à Sydney, il profita de sa formation sur le navire-école *Exmouth* : après avoir fait croire qu'il avait dix-neuf ans au lieu de seize, il s'embarqua en 1901 comme steward et joueur de clairon sur des paquebots.

Entre deux traversées, il revenait à Lambeth et, grâce à ses économies, illuminait la vie étriquée de Charles et de sa mère d'un luxe dont ils se souviendraient longtemps.

Charlie décroche son premier contrat

En mai 1903, un jour qu'il rentrait à la maison, Sydney trouva Charles, alors âgé de quatorze ans, seul : une fois de plus, il avait dû faire interner sa mère. S'étant découvert quelques talents en chantant lors des concerts organisés à bord des paquebots, Sydney annonça à son frère son désir de rester en Angleterre et de trouver du travail au music-hall. Après mûre réflexion, Charles se lança à son tour dans la carrière d'acteur : poussé par Sydney, il prit son courage à deux mains et se rendit chez Blackmore, célèbre agence de théâtre située sur le Strand. Là, il se présenta comme un acteur à la recherche d'un emploi.

Confiance en soi ou simple charme ? Toujours est-il que l'adolescent dépenaillé ne laissa pas indifférent. Blackmore le convoqua à un entretien pour tenir le rôle du groom Billy dans une pièce qui partait en tournée, *Sherlock Holmes*, grand succès auquel avaient collaboré Arthur Conan Doyle et le célèbre acteur américain William C. Gillette. Chaplin décrocha le rôle et H.A. Saintsbury, la vedette de la tournée, l'engagea aussi pour interpréter un vendeur de journaux dans sa propre pièce, *Jim, A Romance of Cockayne* («Jim, idylle au pays de Cocagne»). Le spectacle fut un échec, mais les critiques, par ailleurs hostiles, parlèrent en termes

«J'avais été vendeur de journaux, ouvrier d'imprimerie, fabricant de jouets, souffleur de verre, garçon de courses chez un médecin, etc., mais au milieu de toutes ces aventures professionnelles, pas plus que Sydney, je n'avais jamais perdu de vue mon but final qui était de devenir comédien. Aussi, entre deux métiers, je cirais mes chaussures, brossais mes vêtements, mettais un col propre et me rendais à l'agence théâtrale Blackmore, dans Bedford Street à côté du Strand» (Charlie Chaplin, *Histoire de ma vie*, 1964). Ainsi, après avoir été garçon de courses pour un droguiste (en haut à gauche, une boutique à Londres au début du siècle), Charlie fut engagé en 1905 pour tenir le rôle de Billy dans la reprise de la pièce *Sherlock Holmes* (en bas à gauche). Un petit rôle qui lui permit de déployer ses talents comiques et de se faire remarquer. Son frère Sydney (ci-contre), avec qui il fut toujours très lié, joua à ses côtés durant une courte période. Devenu adulte, Charlie continua de suivre ses conseils et s'en remit souvent à lui pour la gestion de ses affaires.

élogieux du jeune acteur. Au début de la tournée de *Sherlock Holmes*, en août 1903, la composition du groom valut presque toujours à Chaplin des commentaires favorables dans la presse locale. Pendant plus de deux ans et demi, il parcourut ainsi le pays.

Grâce au personnage de Billy, Chaplin se forgea bientôt une réputation pour ses talents comiques. En octobre 1905, Gillette, qui avait créé le rôle du détective, présenta une nouvelle aventure comique en un acte de *Sherlock Holmes*, au Duke of York's Theatre, et enchaîna par une reprise de la pièce originale. Ayant besoin

d'un adolescent pour jouer Billy, il engagea tout naturellement Charlie dans les deux spectacles. Voilà comment on devient un acteur du West End à seize ans.

Un plombier maladroit

En mars 1906, la tournée de *Sherlock Holmes* toucha à sa fin. Charlie rejoignit alors Sydney dans une troupe partant en tournée avec un sketch, *Repairs* («Réparations»). Quelques années plus tard, le cinéma muet se souviendrait de ces saynettes d'une dizaine de minutes, multipliant farces et gags, pour tourner les films burlesques d'une ou deux bobines.

Repairs présentait une situation comique à toute épreuve, celle d'ouvriers incompétents qui s'essayaient à la décoration intérieure : Sydney tenait le rôle du peintre, Charles celui de l'aide-plombier.

Deux mois et demi plus tard, Charles quitta la troupe pour se faire embaucher dans un autre sketch depuis longtemps à l'affiche, *Casey's Court Circus*, qui racontait les aventures de quelques chenapans vivant dans une arrière-cour. Dans l'un de ses numéros les plus réussis, il parodia Dick Turpin, un bandit de grand chemin : c'est alors qu'il créa sa célèbre démarche, une jambe levée de côté, l'autre

Le nom de Charlie Chaplin dans le rôle de Billy apparaît en 1905 sur le programme du Duke of York's Theatre, à Londres, aux côtés de William C. Gillette, le créateur de Sherlock Holmes à la scène (à gauche). Au printemps 1906, les deux frères Chaplin jouèrent dans *Repairs*, un sketch de la compagnie Wall Pink (ci-dessus). Au premier plan, à droite, on reconnaît Charlie, âgé de dix-sept ans, en aide-plombier. Au fond, Sydney est juché sur un escabeau. Dans son film *Charlot apprenti* (*Work*), tourné en 1915, Chaplin reprit ce thème, un classique du music-hall : des ouvriers maladroits saccagent la maison qu'ils sont censés décorer.

servant de point d'appui pour tourner à angle droit. Une démarche qui deviendrait bientôt celle de Charlot le vagabond.

Fred Karno et la Fun Factory

Sydney signa un contrat avec les Speechless Comedians de Fred Karno («Les Comédiens muets») le 9 juillet 1906. Karno était alors le plus grand imprésario de sketches. Il avait débuté comme gymnaste mais, à partir de 1894, avec son premier spectacle, s'était imposé dans le métier où il se couvrit de gloire. Ses troupes partant en tournée étaient gérées depuis la Fun Factory («l'Usine du rire»), située dans le quartier de Camberwell, à Londres.

Karno était un homme fruste, souvent désagréable, mais sans conteste un génie en matière de comique. Il possédait un talent sans pareil pour inventer des gags, pour régler le rythme d'un sketch, et il avait surtout compris que la comédie est souvent plus efficace quand elle est rehaussée d'une touche sentimentale ou teintée d'une nuance pathétique. Une leçon qui se révélerait capitale pour son élève le plus célèbre : Charlie Chaplin.

De son vrai nom Frederick Westcott, Fred Karno (à gauche) était un imprésario hors pair dans le monde du music-hall anglais avant la Première Guerre mondiale. Ses sketches étaient de courts mimodrames, très proches des premiers films burlesques. C'est à sa Fun Factory qu'étaient fabriqués les décors et les costumes de ses troupes ; c'est aussi là que les acteurs répétaient avant de partir en tournée.

Il y avait parfois jusqu'à dix troupes qui sillonnaient en même temps le pays à bord d'étranges véhicules (ci-dessus).

Vedette de music-hall à dix-neuf ans

En 1908, deux ans après son engagement par Karno, Sydney tenait les premiers rôles et participait à l'écriture de nouveaux sketches. En février, il recommanda son frère cadet à son patron, qui ne fut

pas convaincu : ce «jeune homme pâle, menu et renfrogné [...] avait l'air beaucoup trop timide pour arriver à quelque chose dans le théâtre»... Sydney insista tant et si bien que Karno accepta à contrecœur de prendre Charles à l'essai. Après avoir vu ses premières représentations, il s'empressa de lui faire signer un contrat de deux ans renouvelable un an.

En quelques semaines Charles devint la vedette des troupes de Karno. Il se fit un nom au music-hall, notamment grâce à deux sketches. Dans *Mumming Birds* («Les Oiseaux masqués»), le décor figurait un théâtre dans le théâtre : sur une petite scène de music-hall flanquée de loges, des comédiens jouaient des spectateurs farfelus et turbulents, réagissant avec violence à une série d'affreux numéros d'imitation.

“Les spectacles de Karno respectaient toutes les traditions de la pantomime. Acrobaties et clowneries, rire tragique et secourable, mélancolie, sketches, danses et jongleries sobrement mêlés traduisait le comique anglais sans rival.”

Charlie Chaplin, «Contre les *talkies*», *Cinéa-Ciné*, 15 juillet 1929

Charlie, un homme du monde saoul, perturbait de pitreries le cours du spectacle. Par sa justesse, son incarnation d'un ivrogne devint si célèbre qu'elle fut incorporée à divers sketches de Karno. Et elle allait nourrir l'inspiration des premiers films de Charlot. Nul doute qu'à l'époque où il vivait à Lambeth dans des rues bordées de pubs, puis chez son père, Chaplin avait eu l'occasion d'observer de près de beaux exemples d'ébriété.

Quelque temps après, en avril 1910, Karno proposa à Chaplin le premier rôle d'un nouveau sketch, *Jimmy l'intrépide* (*Jimmy the Fearless, or the Boy 'Ero*). Le jeune acteur commença par refuser, mais quand il vit avec quel brio un autre débutant interprétait le rôle, il le lui reprit aussitôt. Le débutant en question n'était autre que Stanley Jefferson, le futur Stan Laurel du duo Laurel et Hardy...

Pendant une longue tournée américaine de la troupe de Karno, partie en 1910, Chaplin se rendit célèbre pour son interprétation d'un ivrogne dans *A Night in a London Club* («Soirée dans un club londonien») et *A Night in an English Music-Hall* («Soirée dans un music-hall anglais»). Avant de passer au cinéma, son nom brillait à l'affiche de pièces de vaudeville, ainsi à San Francisco en 1911 (ci-dessous).

Un comique amoureux

C'est à cette même époque que Chaplin tomba amoureux d'une certaine Hetty Kelly, danseuse de la troupe londonienne Bert Coutt's Yankee Doodle Girls. Il avait dix-neuf ans, elle en avait quinze. Leur liaison fut de courte durée : la mère de Hetty s'empressa d'y mettre fin, jugeant sa fille trop jeune ou nourrissant pour elle de plus nobles ambitions. Chaplin n'a jamais oublié ce premier amour qui lui inspira ces lignes plus de cinquante ans après : «Je ne l'avais vue que cinq fois et rarement aucun de nos rendez-vous n'avait duré plus de vingt minutes, mais cette brève rencontre m'affecta longtemps.» Dans plusieurs de ses écrits, il a évoqué le souvenir de Hetty et, à l'âge adulte, sa vie amoureuse perturbée ressemble à la quête infatigable de cette adolescente, qu'il décrit comme «une svelte gazelle douée d'un visage à l'ovale pur, d'une bouche aux lèvres pleines et ensorcelantes, avec des dents magnifiques».

A la conquête de l'Amérique

Charlie Chaplin fut délivré des affres de l'amour par une nouvelle aventure. A l'automne 1910 il fut choisi pour tenir le premier rôle dans une troupe de Karno qui partait en tournée aux Etats-Unis. Pendant vingt et un mois ils sillonnèrent l'Amérique du Nord, de New York à Los Angeles en passant par Chicago, Saint-Louis, Minneapolis, Saint-Paul, Kansas City, Denver, Butte, Billings, Tacoma, Seattle, Portland et San Francisco... Chaplin s'enthousiasma pour ce nouveau monde qui, écrivit-il, «palpitait du dynamisme de l'avenir. [...] L'espace est bon pour l'âme : cela l'élargit».

Après cette découverte de l'Amérique, le retour au pays sembla bien triste. En son absence, Sydney s'était marié et avait quitté le logis qu'ils avaient partagé. Charles ne fut que trop heureux de repartir en tournée aux Etats-Unis, en octobre 1912. C'est à Philadelphie, où il jouait l'année suivante, que la compagnie Keystone, récemment fondée à Los Angeles, lui adressa une proposition de contrat. Pour Chaplin, l'épopée du cinéma commençait.

En 1910, Chaplin s'embarqua à bord du paquebot *Cairnrona* à destination des Etats-Unis. Il est au centre, la tête dans la bouée de sauvetage, flanqué de chaque côté par des comédiens de la troupe de Karno.

Sans doute est-ce Mack Sennett, la tête pensante de la Keystone, qui remarqua Chaplin lors d'une tournée Karno. Il sentit que ce jeune acteur avait toutes les chances de réussir dans ses films comiques. Chaplin avait-il jamais songé à faire carrière au cinéma? Pour l'heure, il était surtout attiré par la perspective de doubler son salaire pour gagner la somme mirobolante de cent cinquante dollars par semaine...

CHAPITRE II

LA CRÉATION D'UN PERSONNAGE

Chaplin devint Charlot pour son deuxième film, en janvier 1914. Costume, maquillage et moustache transformèrent le beau jeune homme en un petit vagabond ridicule, «The Little Tramp», bientôt célèbre dans le monde entier.

Mack Sennett n'avait pas remporté le succès d'acteur qu'il escomptait dans le genre burlesque et la comédie musicale. Il s'était alors fait embaucher par la compagnie cinématographique Biograph, en 1908. Après avoir observé les méthodes de son réalisateur vedette, D.W. Griffith, Sennett devint peu à peu scénariste et réalisateur ; il se spécialisa dans la comédie – ce qui n'était pas le fort de Griffith. Quand à la fin de l'été 1912 la New York Motion Picture Company décida d'implanter des studios en Californie, c'est lui qui fut nommé chef de production.

A la tête de la Keystone : Mack Sennett

Sennett avait convaincu ses principales vedettes de la Biograph de le suivre dans cette nouvelle aventure : Ford Sterling, Fred Mace et Mabel Normand.

A partir de septembre 1912, Mack Sennett, un Canadien d'origine irlandaise, dirigea la Keystone Film Company, installée à Edendale, en Californie (ci-dessous). Producteur et metteur en scène intraitable, il possédait un instinct très sûr du comique physique. Il noua une liaison orageuse avec Mabel Normand, la jeune et jolie vedette de ses studios, de douze ans sa cadette.

Il recruta aussi de nouveaux acteurs dans le milieu du cirque, du vaudeville et même dans la rue.

En septembre 1913, lorsque Chaplin fut engagé, la Keystone pouvait déjà s'enorgueillir d'une extraordinaire galerie de personnages grotesques : des gros et des maigres, des grands et des petits, des hommes arborant de drôles de bacchantes et d'étranges melons, des femmes vêtues de jupes longues et de superbes chapeaux à plumes.

L'univers comique de la Keystone était solidement ancré dans la réalité américaine familière aux classes populaires du début du siècle : larges rues bordées de maisons en bardeaux, épiceries et quincailleries, saloons, petits hôtels miteux, cabinets de dentistes, chambres et cuisines,

A Hollywood, Chaplin se fit vite remarquer. En 1914, il fréquentait les producteurs les plus en vue (ci-dessous) : Thomas H. Ince, Mack Sennett et D.W. Griffith, qui dirigeaient les trois unités de la New York Motion Picture Company : Bison, Keystone et Reliance.

jolies filles et chiens errants, cabriolets, automobiles surgissant dans un nuage de poussière et de fumée.

Improviser et filmer à toute allure

Chaplin arriva aux studios de la Keystone en décembre 1913. Habitué au travail méticuleux de Fred Karno, il fut stupéfait par la rapidité et l'improvisation proprement effrénée qui étaient ici de rigueur : on s'engageait en effet à livrer deux films chaque semaine.

Les plus sophistiqués pouvaient nécessiter plusieurs jours de tournage dans des décors construits autour des studios, avec parfois des scènes supplémentaires filmées en extérieur, dans les environs. Les plus simples, mis en boîte en quelques heures, étaient les films «du parc» où l'on utilisait les aménagements de Westlake Park pour improviser : les fourrés, les bancs et surtout le lac qui offrait toujours la possibilité d'un plongeon lorsque la veine comique tarissait. Un autre procédé consistait à envoyer une équipe de tournage sur les lieux d'un événement public – une rencontre sportive ou un défilé – et à se servir de ce spectacle tout fait comme toile de fond à des pitreries improvisées. Le premier film de Chaplin, *Pour gagner sa vie* (*Making a Living*), mis en scène

Dès son arrivée aux studios Keystone (en haut à gauche), Chaplin se dit qu'il n'était peut-être pas ici à sa place en voyant la verdeur des comédies qui y étaient produites. Mack Sennett, quant à lui, peu habitué aux raffinements souhaités par l'acteur, n'était guère plus rassuré.

par Henry Lehrman, fait partie des plus raffinés. L'histoire est simple : Chaplin interprète un pauvre type fauché et plutôt roublard qui nourrit l'ambition de devenir journaliste. Il porte un haut-de-forme, une redingote, une lavallière, un monocle et la moustache tombante des fripons traditionnels au théâtre. Rien encore du personnage de Charlot créé plus tard.

Une canne et une petite moustache : Charlot est né

Chaplin appréciait peu les talents du réalisateur Henry Lehrman que Sennett avait amené de la Biograph. Il trouvait que la rapidité de production prenait le pas sur les finesses du métier et nombre de ses meilleurs numéros passaient à la trappe au montage. Il se rendit compte qu'il lui fallait créer un personnage neuf et original.

C'est ainsi qu'un jour de janvier 1914 il entra dans la remise servant à entreposer les costumes pour s'en choisir un. On ne sait s'il y resta une heure ou une journée mais quand il en ressortit, il avait créé le personnage du vagabond, qui reste aujourd'hui le héros de fiction le plus célèbre au monde. Dans *Histoire de ma vie*, Chaplin a confié qu'il avait choisi cet accoutrement pour son absence d'unité : le pantalon flottant, l'habit serré, le chapeau trop petit, les croquenots trop grands, et il le compléta par la

Grâce à son nouveau personnage de vagabond, Chaplin introduisit dès ses premiers films une richesse psychologique et une palette d'émotions alors sans précédent. En effet, en ce début de siècle, Hollywood produisait surtout de grosses farces qui frôlaient la caricature.

canne en bambou et la petite moustache en brosse. «Je n'avais aucune idée du personnage que j'allais jouer. Mais dès l'instant où je fus habillé, les vêtements et le maquillage me firent sentir ce qu'il était. Je commençai à le découvrir et lorsque j'arrivai sur le plateau, il était créé de toutes pièces.»

C'est dans *L'Etrange Aventure de Mabel* (*Mabel's Strange Predicament*) que Chaplin inaugura ce costume et cette silhouette. Il joue un homme éméché qui met sens dessus dessous un petit hôtel.

Mais le public avait déjà découvert le vagabond dans un film précédent, *Charlot est content de lui* (*Kid Auto Races at Venice*), tourné, selon les habitudes de la Keystone, le samedi après-midi de la semaine où *L'Etrange Aventure de Mabel* fut filmé, puis monté et tout de suite envoyé aux exploitants. Il est composé d'à peine plus de dix prises de vue et d'un seul gag : les efforts réitérés de Charlot pour empêcher un caméraman (joué par Henry Lehrman) de filmer des courses d'enfants en caisses à roulettes. La silhouette du personnage, ses gestes et ses mouvements, et même certains traits de son caractère commencent déjà à transparaître. Lors des onze mois suivants, Charlot allait se construire, au fil des trente-cinq films tournés pour Keystone.

Mabel Normand était une comédienne pleine de talent. Adolescente, elle avait posé pour les plus grands

illustrateurs de revues new-yorkaises. Elle commença à tourner en 1910 pour la compagnie cinématographique Vitagraph, rencontra Mack Sennett à la Biograph, puis le suivit quand il partit en 1912 fonder la Keystone. A l'arrivée de Chaplin, les rapports entre les deux acteurs furent d'abord tendus : le nouveau venu, âgé de vingt-cinq ans, se sentait plus mûr que Mabel qui n'en avait que vingt-deux... Elle apparaît dans certains des films que Chaplin réalisa, de *Charlot et le mannequin* (*Mabel's Married Life*) à *Charlot et Mabel en promenade* (*Getting Acquainted*).

Passer de l'autre côté de la caméra

Après cette première apparition à l'écran, il n'a fallu que quelques semaines pour que le public s'éprenne de Charlot et qu'affluent les commandes de la part des distributeurs. Pourtant, Chaplin était de plus en plus mécontent du travail des réalisateurs, Henry Lehrman et George Nichols. Et la situation ne s'améliora pas lorsque Sennett fit diriger Chaplin par Mabel Normand, charmante et brillante actrice de la compagnie. Enfin, Sennett comprit : il laissa Chaplin réaliser ses propres films. Déjà, ses deux premiers essais, *Charlot et le chronomètre* (*Twenty Minutes of Love*) et *Charlot est encombrant* (*Caught in the Rain*) dépassaient alors ce qui se faisait à la Keystone.

A partir de juin 1914, et ce jusqu'à la fin de sa vie, Chaplin allait mettre en scène tous les films où il apparaîtrait, à l'exception du *Roman comique de Charlot et Lolotte* (*Tillie's Punctured Romance*), le premier long métrage comique du monde, réalisé par Sennett et chaleureusement accueilli par le public en novembre.

Comme réalisateur, Chaplin connut dès lors une ascension fulgurante. Certains films témoignent de sa volonté d'explorer et d'utiliser diverses techniques.

Dans *Le Roman comique de Charlot et Lolotte* (*Tillie's Punctured Romance*), mis en scène par Mack Sennett en 1914, Charlie Chaplin tint le rôle d'un escroc et Mabel Normand celui de sa petite amie (ci-contre). Mais ils laissèrent en réalité la vedette à la célèbre comédienne de théâtre Marie Dressler, jouant une paysanne stupide dupée par Charlot. Le tournage de ce film en six bobines s'étala sur plus de trois mois, ce qui était inhabituel dans les studios californiens de la Keystone (ci-dessous).

« J'ai peut-être donné l'impression qu'on passait son temps à s'amuser aux studios Keystone. En fait, nous fournissions une énorme quantité de travail. Plus nous faisions de films, plus nous apprenions de choses sur la manière d'être drôle. Nous apprîmes en particulier que le comique est une affaire sérieuse. »

Mack Sennett, 1954

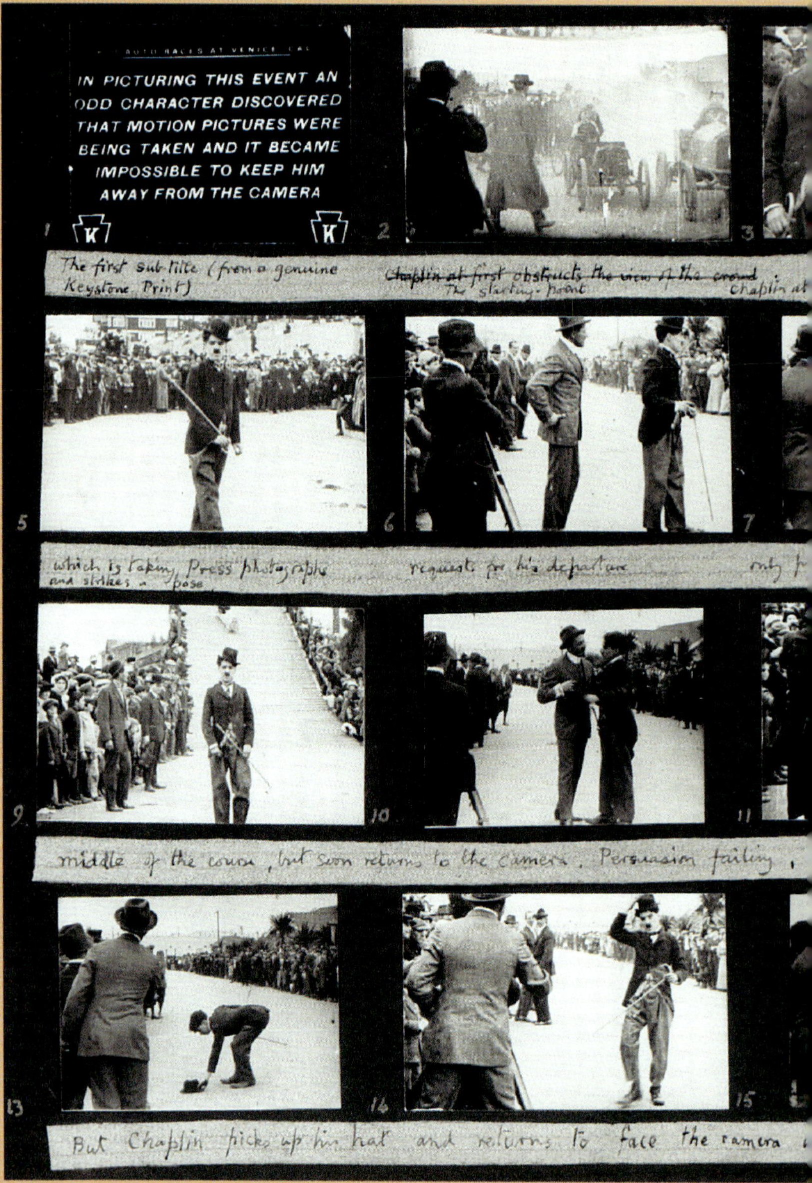
IN PICTURING THIS EVENT AN ODD CHARACTER DISCOVERED THAT MOTION PICTURES WERE BEING TAKEN AND IT BECAME IMPOSSIBLE TO KEEP HIM AWAY FROM THE CAMERA
The first sub-title (from a genuine Keystone Print)
Chaplin at first obstructs the view of the crowd
The starting point
Chaplin at
which is taking Press photographs
and strikes a pose
requests for his departure
middle of the course, but soon returns to the camera. Persuasion failing,
But Chaplin picks up his hat and returns to face the camera

C'est dans le film *Charlot est content de lui* (*Kid Auto Races at Venice*), tourné par Henry Lehrman en février 1914 aux studios de la Keystone, que Charlie Chaplin fit sa toute première apparition à l'écran dans le célèbre rôle du vagabond. Les spectateurs de cette course d'enfants en caisses à roulettes furent ainsi les premières personnes au monde à le découvrir sous ces traits, avec son petit chapeau et sa canne en bambou. *Charlot est content de lui* fut tourné en trois quarts d'heure. Le dernier plan montre Charlot grimaçant devant la caméra. «Les principes de la mise en scène étaient simples à cette époque. Je n'avais qu'à distinguer ma gauche de ma droite pour les entrées et les sorties. Si on sortait par la droite à la fin d'une scène, on entrait par la gauche pour la scène suivante; si on sortait vers la caméra, on rentrait en tournant le dos à la caméra», raconte Chaplin dans *Histoire de ma vie* en 1964. Mais il lui fallut attendre encore quelques mois pour passer de l'autre côté de la caméra et mettre en scène son premier film en avril 1914 : *Charlot et le chronomètre* (*Twenty Minutes of Love*).

Il pratiqua ainsi le montage, le raccord et le gros plan. Bien plus, grâce à son expérience de la scène acquise au music-hall, il était passé maître dans l'art du récit en images, dans le rythme et l'insertion de gags dont le raffinement était très en avance sur le travail de ses collègues. Ainsi, *Charlot est encombrant* et *Charlot et le mannequin* (*Mabel's Married Life*) combinent une intrigue racontée avec une clarté admirable, une utilisation réduite des intertitres et des enchaînements de gags inventifs et habiles. *Charlot concierge* (*The New Janitor*) est bâti sur une histoire dramatique qui prélude au remarquable *Charlot à la banque* (*The Bank*) de 1915. Dans son dernier film à la Keystone, *Charlot roi* (*His Prehistoric Past*), Chaplin reprend le procédé de *Jimmy l'intrépide* : le vagabond s'endort sur un banc et rêve qu'il est un homme des cavernes.

Dans *Charlot débute* (*His New Job*), sorti en 1915, Chaplin joue un acteur de cinéma (ci-dessus). L'autre rôle principal est tenu par Ben Turpin, un homme de petite taille affligé de strabisme, le premier comique américain à se faire connaître sous son vrai nom.

«Charlot débute»

Le contrat de Chaplin avec la Keystone expirait en décembre 1914. Sennett et les directeurs de la maison mère, la New York Motion Picture Company, avaient conscience de la valeur de Chaplin mais refusaient de lui accorder les mille dollars par semaine qu'il osait réclamer. C'est alors que la compagnie Essanay, qui possédait des studios à Chicago et à Niles, en Californie, lui offrit le salaire inouï de mille deux cent cinquante dollars par semaine.

Malgré cela, les rapports de Chaplin et de l'Essanay ne furent jamais faciles : la politique d'austérité régnant dans les studios frustrait Chaplin qui aspirait à plus de liberté et à plus de temps pour peaufiner ses films. Sa première œuvre sous contrat avec l'Essanay, *Charlot débute* (*His New Job*), se passe dans un studio de cinéma – ce qui permit de rogner sur le coût des décors ! – et fut tournée dans les studios de Chicago. En février 1915 Chaplin repartit en Californie pour réaliser ses six films suivants dans les studios de Niles ou en extérieur. Puis il loua des

studios afin de travailler avec davantage d'autonomie. A la compagnie Essanay, Chaplin commença à former sa propre troupe d'acteurs, parmi lesquels on remarquait le poids lourd Bud Jamieson, qui excellait dans les rôles de brutes, et le tout petit Leo White à l'allure de dandy. Surtout, il découvrit une nouvelle actrice, la belle Edna Purviance, qui travaillait comme secrétaire lorsque Chaplin la rencontra et l'engagea. Elle allait jouer avec lui dans plus de trente films et devait occuper une grande place dans sa vie sentimentale pendant plusieurs années.

C'est à Edna Purviance, ici sur un plateau de tournage, que Chaplin donna le premier rôle féminin dans son deuxième film réalisé pour la compagnie Essanay, *Charlot fait la noce* (*A Night Out*).

«Le Vagabond» : entre rire et larmes

Parmi les quatorze films tournés pour l'Essanay figurent plusieurs historiettes, comme *Charlot dans le parc* (*In the Park*) et *Charlot à la plage* (*By the Sea*) ; mais certaines œuvres marquent des étapes décisives dans l'évolution artistique de Chaplin. *Charlot boxeur* (*The Champion*) contient ainsi un combat chorégraphié avec brio, qui annonce une scène fameuse des *Lumières de la ville* (*City Lights*) de 1931.

Dans *Le Vagabond* (*The Tramp*) s'affiche pour la première fois la dimension romantique et pathétique qui allait caractériser les comédies de la maturité : poignant chagrin d'amour que celui de Charlot, qui voit ses espoirs de gagner la main de la jolie fille du fermier ruinés par l'arrivée d'un jeune et beau fiancé.

Charlot à la banque (*The Bank*) reprend avec plus de raffinement le thème du pauvre vagabond. Comme *Le Vagabond*, *Charlot à la banque* s'achève sur l'image du héros inconsolable. Avant le fondu au noir final, Charlot donne un petit coup de pied en arrière, hausse les épaules et s'éloigne vers de nouvelles aventures, tandis que la caméra se rapproche de lui. Ce type de fin mélancolique, avec fermeture à l'iris, était alors nouveau dans les films comiques ; il devint bientôt une constante de l'œuvre de Chaplin.

Dans *Charlot apprenti* (*Work*) apparaît un élément

En 1915, Chaplin était devenu très célèbre : il fut héros de bande dessinée (en haut) et personnage de chansons populaires.

Dans *Charlot Apprenti* (*Work*), tourné en 1915, Chaplin tient la vedette avec Charles Insley, interprétant son patron (ci-dessous).

neuf. On y retrouve une situation classique du music-hall – des ouvriers maladroits démolissent une tranquille maison bourgeoise en tentant de la décorer – mais c'est ici la finesse de l'observation sociale qui frappe, à la fois dans les rapports entre l'apprenti et son patron tyrannique et dans les soupçons divisant les ouvriers et leurs employeurs.

Chaplin avait l'intention d'exploiter ce filon social dans un film qui aurait dû s'intituler *Life* («La Vie»). Hélas le projet tourna court. Etait-il trop macabre pour les spectateurs de 1915 ? Quelques séquences ont été incorporées à un autre film, *Charlot cambrioleur* (*Police*), où le vagabond, à sa sortie de prison, découvre un monde plus cruel que celui qu'il vient de quitter. Les scènes de *Life* se déroulent dans un asile de nuit fréquenté par des personnages rappelant les illustrations qu'a faites George Cruikshank des bas-fonds londoniens du début du XIXe siècle, ainsi que les descriptions du romancier préféré de Chaplin : Dickens.

« C'est Apollinaire qui m'a emmené voir Charlot pendant une permission du Front. On était d'avis que tout se passait «là-haut», que la vie était ramassée dans les «lignes», que l'arrière, c'était l'emmerdement et la mort. Apollinaire m'a dit : «Il y a tout de même quelque chose, viens voir.» J'ai vu Charlot : c'était quelque chose, puisqu'il tenait le coup devant l'énorme spectacle que je venais de quitter. »

Fernand Léger, 1926

Un dandy saoul, une femme et un marin

D'autres films de cette période méritent d'être mentionnés. Dans *Charlot au music-hall* (*A Night at the Show*), Chaplin adapte à l'écran son vieux cheval de bataille de chez Karno, *Mumming Birds*, et reprend son rôle de dandy ivre perturbant le spectacle. Dans *Mam'zelle Charlot* (*A Woman*), il incarne une femme : les ressorts de l'intrigue l'obligent à se travestir pour approcher sa fiancée. Dans *Charlot marin* (*Shanghaied*), il démontre qu'un accessoire inusité – ici un bateau de location – peut inspirer une histoire et engendrer une cascade de gags.

Le contrat de Chaplin avec l'Essanay prit fin en 1916 dans une atmosphère d'aigreur et de procès

coûteux. Son dernier film fut une parodie de l'adaptation de *Carmen* que venait de terminer Cecil B. DeMille. Chaplin se mit dans une rage folle – mais perdit son procès – lorsqu'il apprit que la compagnie avait tourné d'autres scènes après son départ pour transformer le film en long métrage.

Nouveau studio, nouveaux acteurs

De tels incidents confortèrent Chaplin, désormais en mesure d'imposer ses conditions, dans sa décision de chercher une situation lui garantissant toute indépendance. Il ne lui avait fallu que deux ans pour

A l'automne 1917, Chaplin se rendit sur les lieux de son futur studio avec des membres de sa compagnie (à gauche). On reconnaît son frère Sydney à droite et, au centre, l'acteur Eric Campbell qui jouait le méchant dans les comédies de la Mutual. Il mourut dans un accident de la route le 20 décembre 1917.

faire connaître son art et son personnage dans tous les pays dotés de salles de cinéma, et le déclenchement de la Première Guerre mondiale en Europe n'avait affecté ni sa popularité ni sa gloire : Charlot continuait d'être l'idole des combattants britanniques et français.

Le 26 février 1916, en présence de Sydney, Chaplin signa un contrat avec John Freuler, de la Mutual : il lui assurait un salaire de dix mille dollars par semaine, avec une prime de cent cinquante mille dollars…

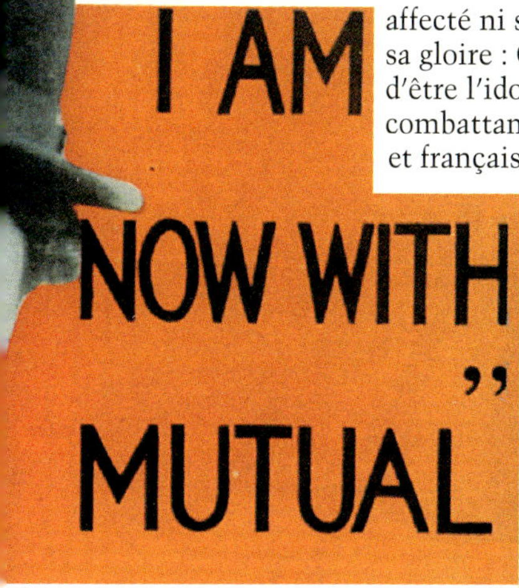

Sydney, qui s'était établi en Amérique et avait repris la gestion des affaires de son frère, négocia en février 1916 un contrat avec la Mutual Film Corporation : elle s'engageait à verser à Charlie Chaplin un salaire de six cent soixante-dix mille dollars, la plus grosse somme jamais touchée par un employé. On lui offrit son propre studio, le Lone Star, dans le quartier de Colegrave à Los Angeles. C'est là qu'il forma et consolida son équipe de collaborateurs. Edna, tout naturellement, demeura son actrice fétiche à l'écran comme sa fidèle compagne à la ville. Parmi les nouvelles recrues figuraient Albert Austin, un ancien de chez Karno à la mine patibulaire, et Eric Campbell, gigantesque Ecossais qui, avec son air féroce et ses sourcils broussailleux, fut le meilleur traître que Chaplin ait jamais déniché. Puis l'équipe s'enrichit de Henry Bergman, gros acteur qui vouait un véritable culte à Chaplin et qui lui fut indispensable pendant plus de vingt ans. Les rejoignit aussi Roland Totheroh, photographe ingénieux

Henry Bergman (ci-dessous) rejoignit Chaplin en 1916. Il tint de petits rôles dans ses films et lui servit longtemps d'assistant ou d'homme à tout faire.

formé à la compagnie Essanay, qui allait devenir le chef opérateur de tous les films de Chaplin jusqu'aux *Temps modernes*, en 1936.

Des méthodes de tournage révolutionnaires

Pour Chaplin, les mois passés à la Mutual, de février 1916 à juin 1917, ont représenté la période la plus heureuse de sa vie. Et à bien des égards aussi de sa carrière. A vingt-sept ans, fort de sa propre expérience, de son apprentissage au théâtre et au music-hall, il était en pleine possession de ses moyens et jouissait d'une relative indépendance.

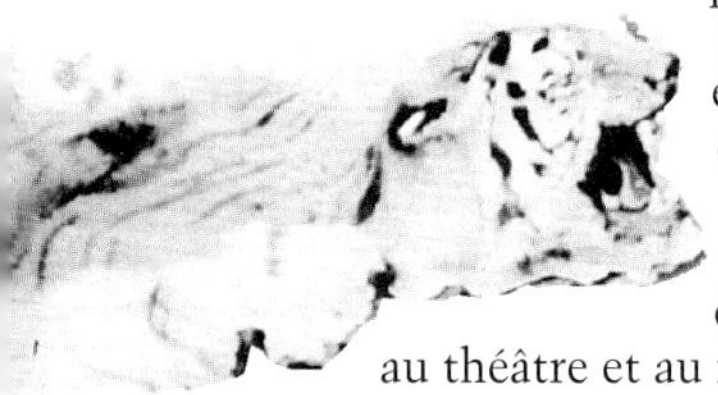

Dès lors, ses méthodes semblaient véritablement révolutionnaires. Avant lui, il était très rare que des réalisateurs fassent plusieurs prises pour un même plan. Répéter une scène ne pouvait qu'être le résultat d'une catastrophe technique impardonnable ou l'aveu d'une erreur coupable. A la même époque, la réalisation des chefs-d'œuvre de D.W. Griffith, *Naissance d'une Nation* (*Birth of a Nation*) et *Intolérance*, sortis en 1915 et en 1916, nécessitait à peine plus de pellicule que le produit fini. Et on tolérait mal quelques centimètres de «chutes» à la Keystone...

Avec *Charlot rentre tard* (*One A.M.*), Chaplin fit la preuve éclatante de tout ce dont il était capable (ci-dessus). Un homme du monde éméché se bat durant trente minutes contre porte-manteaux, guéridons et peaux de tigre. Dans *Charlot pompier* (*The Fireman*), tourné la même année (à droite), Chaplin retrouve Eric Campbell.

Dès qu'il fut son propre maître, Chaplin multiplia les prises, jusqu'à être entièrement satisfait de son travail. Les quelques milliers de mètres de *rushes* datant de cette période témoignent du zèle avec lequel Chaplin peaufinait une scène et de sa méthode singulière de construire les séquences et les histoires non pas au préalable, sous la forme de scénarios, mais au fil du tournage. Ceux qui visitaient son studio, comme Max Linder, étaient abasourdis par cette méthode extravagante… et par la perfection du résultat.

"Un jour, je passais devant une caserne de pompiers au moment où l'on donnait le signal du feu. Je vis les pompiers glisser le long du mât, enjambant la pompe et se précipitant vers le feu. Aussitôt toute une série de possibilités comiques m'apparut."

Charlie Chaplin, «De quoi rit le public ?», *American Magazine*, novembre 1918

Les rouages du comique

Certains films démontrent que Chaplin, au même titre que nombre de ses collègues du burlesque, aimait choisir un lieu ou un accessoire particulier et l'utilisait comme tremplin pour raconter une anecdote ou broder sur un thème. Ainsi fonctionnent l'escalier mécanique de *Charlot chef de rayon* (*The Floorwalker*), les véhicules antédiluviens tirés par des chevaux dans *Charlot pompier* (*The Fireman*), le studio de cinéma du *Machiniste* (*Behind the Screen*) ou encore la patinoire de *Charlot patine* (*The Rink*) : ils permettent à Chaplin d'exercer toute sa verve comique.

La virtuosité technique atteint son sommet dans *Charlot rentre tard* (*One A.M.*) : ce film, où Chaplin joue l'unique personnage (excepté l'apparition d'un chauffeur de taxi), repose entièrement sur les difficultés et les dangers qui guettent un gentleman ivre quand il désire tout simplement rentrer chez lui et se mettre au lit. Autant de situations comiques, autant de motifs à s'esclaffer pour le spectateur.

Plus il devint indépendant, contrôlant ses propres productions, plus Chaplin élargit la palette des émotions qu'il mêlait aux éléments comiques. Dans *Charlot violoniste* (*The Vagabond*), sorti en 1916, il tient le rôle d'un musicien ambulant qui sauve une jolie jeune fille (Edna Purviance) des bohémiens qui l'ont enlevée. Charlot en tombe amoureux pendant qu'ils vivent chastement leur idylle dans une roulotte au fond des bois. Mais c'est alors qu'arrive un bel artiste qui conquiert le cœur de la jeune fille et la ramène auprès de sa riche famille, laissant un Charlot malheureux. Les distributeurs trouvant cette fin trop triste, Chaplin ajouta un épisode peu vraisemblable : le couple fait marche arrière pour emmener Charlot en voiture avec lui. Il envisagea aussi une autre fin : Charlot se serait jeté à l'eau par désespoir et aurait été sauvé par un tel laideron qu'il aurait replongé sans plus attendre. La veine sentimentale était toujours tempérée d'une nuance comique : Chaplin se met à laver et presque à désinfecter les cheveux de la jeune fille qu'il vient de secourir avec panache.

Chaplin va également affiner son talent de la transposition, c'est-à-dire sa faculté de transformer une chose en une autre pour faire naître le comique. Ainsi, dans une scène du *Machiniste*, il porte sur le dos quantité de chaises de bois, les pieds en l'air, qui le métamorphosent en porc-épic. Cet art de la transposition culmine dans *Charlot et l'usurier* (*The Pawnshop*) lorsqu'un client tend à Charlot, l'assistant du prêteur sur gages, un réveil : par ses seuls gestes, voilà le réveil ausculté comme un malade, changé en objet de porcelaine, coffre-fort, boîte de conserve, pour finir démantelé !

Dans *Charlot patine* abondent les occasions de déployer un comique virtuose d'un genre différent, plus physique, Chaplin y faisant preuve d'incroyables dons de patineur. *Charlot violoniste* (*The Vagabond*) est une tragi-comédie où se noue, entre Charlot et l'héroïne, un amour sans espoir. Dans *Charlot et le comte* (*The Count*), *Charlot patine* et *Charlot s'évade* (*The Adventurer*), on retrouve le thème de la fraude sociale ; dans le dernier, il interprète un forçat en cavale se faisant passer pour un invité dans une réception dont il bouleverse l'élégance. Ce fut son dernier film réalisé à la Mutual.

Le cinéma est un art

Dès cette époque, des critiques parmi les plus sérieux commençaient à

Dans les films réalisés pour la Mutual en 1917, les intrigues de Charlie Chaplin gagnèrent en complexité et les gags en sophistication. *Charlot s'évade* (*The Adventurer*) s'ouvre sur l'image d'un forçat qui se cache dans le sable pour échapper aux gardiens de la prison (avec Frank J. Coleman, à gauche). Ayant réussi à les semer, il plonge dans la mer pour sauver Edna Purviance de la noyade. Plus tard, il s'immisce dans une réception mondaine, mais les gardiens de la prison ont retrouvé sa trace et ils se lancent une nouvelle fois à sa poursuite.

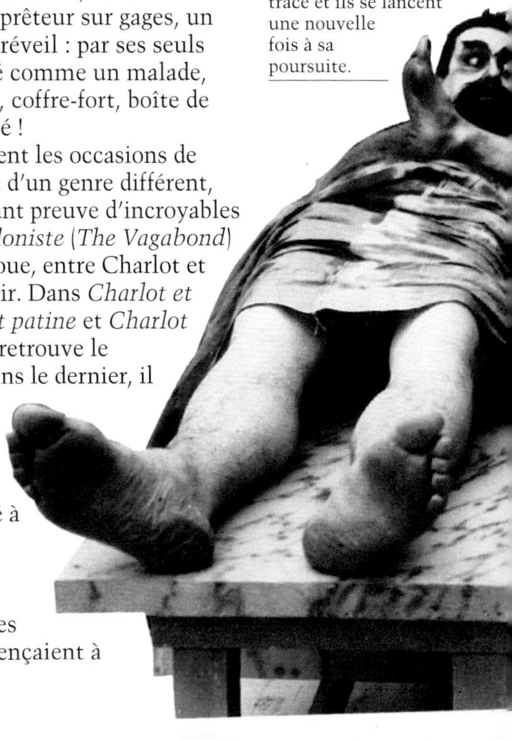

parler des œuvres de Chaplin en des termes très différents de ceux tenus d'ordinaire pour qualifier les comédies et la plupart des films. Après *Charlot policeman* (*Easy Street*), *Charlot fait une cure* (*The Cure*) et surtout *L'Emigrant* (*The Immigrant*), le mot «artiste» revint fréquemment pour désigner ce petit clown qui travaillait dans une forme jusqu'alors méprisée : le cinématographe.

Sans doute est-il révélateur de l'évolution de Chaplin que la réalisation de ces chefs-d'œuvre ait été plus longue que celle de tous les films précédents. Chacun des huit premiers films tournés à la Mutual a été bouclé en quatre semaines ; il a fallu presque onze mois pour achever les quatre derniers.

Charlot fait une cure (*The Cure*) est un divertissement de belle facture qui se déroule dans un établissement thermal. Les malades guérissent en un tour de main quand les provisions d'alcool de Charlot, un gentleman ivrogne, se déversent par inadvertance dans la source d'eau minérale... Le lieu de l'action permit à Charlie Chaplin de s'entourer de toute une cour des miracles. Henry Bergman joue le rôle du masseur, Albert Austin celui d'un infirmier. Comme à son habitude dans les films tournés pour la Mutual, il choisit de prendre pour adversaire implacable le géant et farouche Eric Campbell, un patient goutteux : un tandem aussi contrasté que celui de Laurel et Hardy !

Le 17 juin 1917, Chaplin passa contrat avec le First National Exhibitors Circuit : cette nouvelle compagnie se chargeait de la distribution, et le réalisateur devenait son propre producteur. Il s'engageait à livrer huit films dès la première année. Mais ses méthodes de travail avaient tellement changé qu'il lui fallut plus de quatre années pour en venir à bout. Personne ne s'en plaignit quand sortirent *Charlot soldat* et *Le Kid*.

CHAPITRE III

UN CINÉASTE INDÉPENDANT

A l'automne 1917, Chaplin construisit son nouveau studio. Symboliquement, il retourna lui-même la première motte de terre pour préparer les fondations et inspecta les travaux.

Chaplin enfile son costume pour se camoufler en arbre dans *Charlot soldat*.

A l'angle de Sunset Boulevard et de La Brea Avenue, Chaplin acquit un terrain pour y construire son nouveau studio : terminé en janvier 1918, il allait lui servir tout au long de sa carrière américaine. Pour rassurer la bourgeoisie locale, qui avait toutes les raisons de mettre en doute la respectabilité de l'industrie cinématographique, Chaplin fit camoufler la façade du studio en lui donnant l'apparence d'une rangée de cottages anglais. L'édifice existe encore.

Le premier film qui y fut tourné, *Une vie de chien* (*A Dog's Life*), est une comédie enlevée qui, sur un mode symbolique, rapproche la vie quotidienne du vagabond et celle d'un chien bâtard abandonné.

Comment rire de la guerre ?

En 1917 l'Amérique était entrée en guerre. Avec *Charlot soldat* (*Shoulder Arms*), sorti en avril 1918, Chaplin osa s'attaquer à ce sujet brûlant et situa l'action sur le front occidental. Ses amis s'inquiétèrent de la réaction que risquait de provoquer un tel film : comment la vie dans les tranchées, les dangers et les privations, la peur, le mal du pays, les tireurs isolés, la vermine, la pluie et la boue pouvaient-ils être comiques ? Mais Chaplin fit définitivement la preuve qu'une comédie est d'autant plus forte qu'elle frôle le registre tragique. Les horreurs de la guerre devinrent motifs à rire, et les spectateurs les plus enthousiastes furent ceux qui les avaient endurées.

Malgré ce succès, et pour la première fois depuis son arrivée à Hollywood, Chaplin se sentait en mal d'imagination. Nul doute que les difficultés qu'il

traversait dans sa vie privée en étaient la cause. Sa liaison avec Edna Purviance prit fin, même s'ils continuèrent à travailler ensemble quelques années de plus. Au début de 1918, il rencontra une actrice de seize ans, Mildred Harris. Lui rappelait-elle à certains égards son premier amour, Hetty Kelly ? Il l'épousa en septembre. Le mariage était voué à l'échec : comment une telle ingénue pouvait-elle devenir la compagne d'un homme de la trempe de Chaplin ? Un enfant aurait peut-être sauvé le couple, mais le fils que Mildred mit au monde, le 7 juin 1919, mourut trois jours plus tard. En novembre 1920, le divorce serait prononcé. Un divorce qui ferait scandale.

Rien n'agaçait plus Chaplin que les acteurs d'Hollywood qui le copiaient sans vergogne. Il était néanmoins plus indulgent à l'égard de Billie Ritchie, ancien comédien de la troupe de Karno, et qui prétendait avoir lui-même inventé le costume du vagabond (à gauche et ci-dessous).

Dans *Une vie de chien* (*A Dog's Life*), Charlot adopte un chien errant qu'il appelle Scraps (ci-contre, avec Edna Purviance). Louis Delluc porta l'œuvre au pinacle : «Ce conte, ce film, cette *pietà*, c'est la première œuvre complète du cinéma. Elle est classique. Elle EST» (*Charlot*, 1921).

Jackie Coogan, un héros de quatre ans

De manière paradoxale, la perte de cet enfant paraît avoir remis Chaplin sur la voie de l'activité. Auparavant, c'est avec peine qu'il avait entrepris une petite comédie située à la campagne, *Idylle aux champs* (*Sunnyside*), puis s'était attaqué sans conviction à un nouveau film, intitulé provisoirement *Charlie's Picnic* («Charlot en pique-nique»). Dix jours après la mort de son fils, il commença à auditionner des enfants pour un projet qui allait devenir *Le Kid* (*The Kid*).

L'inspiration de ce film semble en partie naître de la réelle fascination que Chaplin éprouva devant un

À l'époque du tournage de *Idylle aux champs*, Chaplin était fasciné par les Ballets russes de Diaghilev et par le danseur Nijinski. Il rend ici hommage à sa création magistrale de *L'Après-midi d'un faune* : après avoir été renversé par un taureau, Charlot, inconscient, rêve que quatre nymphes l'entraînent dans un ballet arcadien (ci-dessous). Deux ans plus tard, en 1921, *Le Kid* (page de droite) fut un immense succès. Chaplin pose fièrement avec son frère Sydney et les distributeurs (à droite).

acteur de quatre ans, Jackie Coogan, qui jouait dans le numéro de vaudeville de ses parents. Dans cette histoire devenue si célèbre, le vagabond devient le père adoptif d'un gamin abandonné par une mère

célibataire. Leurs rapports donnent lieu à des passages hilarants comme aux scènes les plus poignantes : ainsi, lorsque Charlot se bat pour empêcher qu'on ne conduise son protégé dans un orphelinat. Un moment d'autant plus pathétique que le cinéaste met ici en scène ses propres souvenirs d'enfance.

Le tournage du *Kid* n'alla pas sans problèmes. Pour honorer son contrat, Chaplin dut en interrompre la production et terminer son autre film en cours rebaptisé *Une journée de plaisir* (*A Day's Pleasure*). De plus, il dut déposer le négatif en lieu sûr quand les avocats de Mildred menacèrent de le saisir pour l'utiliser comme caution lors du règlement du divorce. Et Chaplin eut maille à partir avec la First National à propos de l'avance sur les droits de distribution. Mais, en 1921, *Le Kid* remporta un succès colossal et fit de Jackie Coogan une célébrité mondiale. Pour nombre de cinéphiles, il demeure le chef-d'œuvre de Chaplin.

«Tous les enfants, sous une forme ou sous une autre, ont du génie : le tout, c'est de le faire apparaître. Avec Jackie, c'était facile. Il avait quelques principes élémentaires de pantomime à apprendre, et Jackie eut tôt fait de les assimiler. Il savait mettre de l'émotion dans l'action et de l'action dans l'émotion, et il était capable de répéter indéfiniment sans perdre pour autant sa spontanéité» (Charlie Chaplin, *Histoire de ma vie*, 1964). Dans *Le Kid*, le pathos, le comique et la prestation extraordinaire du petit Jackie Coogan n'ont pas pris une ride. L'histoire est célèbre : l'enfant trouvé devient un complice précieux dans les affaires du vagabond, son père adoptif. Il casse les carreaux des maisons, et ce dernier, vitrier de son état, arrive juste après pour proposer de les réparer. Cette collaboration est néanmoins menacée lorsque le garçonnet tombe malade : un médecin trop curieux, joué par Jules Hanft, va chercher à se renseigner sur les véritables origines de l'enfant.

Retrouvailles avec l'Europe

Après avoir achevé *Le Kid* et une fois l'orage de son divorce passé, Chaplin reprit une existence plus calme. Il se résolut à revoir sa mère souffrante, la fit venir à Hollywood, même s'il semble ne pas l'avoir beaucoup fréquentée. Les trois derniers films cités au contrat de la First National, *Charlot et le masque de fer* (*The Idle Class*), *Jour de paie* (*Pay Day*) et *Le Pèlerin* (*The Pilgrim*) furent terminés sans accroc, quoique lentement.

En août 1921, après le tournage de la première de ces œuvres, Chaplin décida de passer des vacances en Europe, cette Europe qu'il n'avait pas revue depuis son départ d'Angleterre avec la troupe de Karno, en 1912. Après quatre années de guerre, tout avait changé. A Londres et à Paris il fut acclamé, assailli par la foule et reçu par les grands de l'époque. En Angleterre, il se rendit en pèlerinage sur les lieux de son enfance et fut bouleversé d'apprendre la mort de Hetty Kelly, victime trois ans auparavant de l'épidémie de grippe espagnole.

A son retour à Los Angeles, en octobre, Chaplin se remit au travail pour achever *Jour de Paie*, qui sortit en 1922. Une fois n'est pas coutume, il joue ici un ouvrier et non un vagabond. Et, dans *Le Pèlerin*, il incarne un forçat en fuite que l'on prend pour le nouveau pasteur d'une petite ville. Cette satire de la bigoterie lui attira nombre d'ennuis avec des critiques étroits d'esprit et avec les autorités ecclésiastiques.

A gauche, Chaplin et l'écrivain H.G. Wells, à Londres, en 1921. Au centre, un jeu de société créé dans les années vingt : «Poursuis-moi, Charlie». Ci-dessous, une scène du *Pèlerin* (*The Pilgrim*).

Les stars se rebellent

En 1919, un vent de révolte soufflait à Hollywood : les acteurs Mary Pickford et Douglas Fairbanks, tout comme D.W. Griffith, le réalisateur alors le plus en vue, prirent position contre le système de distribution cinématographique, qui menaçait de constituer un monopole. Ils se déclarèrent exploités, au même titre que d'autres vedettes – et ce malgré les gros salaires qu'ils percevaient. Le 5 février, avec Chaplin à leurs côtés, ils s'associèrent pour fonder la United Artists Film Corporation afin de

Le 17 avril 1919, Douglas Fairbanks, Chaplin, Mary Pickford et D.W. Griffith créèrent officiellement la United Artists Film Corporation.

distribuer eux-mêmes leurs films et ceux d'autres artistes souhaitant les rejoindre. Les fous, maugréa-t-on, s'emparent de l'asile... Tous attendaient avec impatience que Chaplin se libère de ses obligations envers la First National. Mais le premier film qu'il allait réaliser à la United Artists, *L'Opinion publique* (*A Woman of Paris*), ne remporta pas le succès commercial escompté – même s'il figure parmi ses plus grandes réussites artistiques.

Depuis longtemps, Chaplin souhaitait tourner une comédie dramatique. Et il avait à cœur d'aider Edna Purviance à poursuivre une carrière indépendante. Car depuis leur séparation Edna avait changé, elle s'était mise à boire et sa verve comique s'était étiolée.

Un mélodrame boudé par le public

Chaplin puisa l'idée de *L'Opinion publique* dans ses rencontres avec Peggy Hopkins Joyce, une croqueuse de diamants célèbre pour ses mariages avec des millionnaires, s'achevant toujours par des divorces lucratifs... Les souvenirs de Peggy comme les impressions rapportées de la haute société européenne fournirent à Chaplin la matière de son film : une jeune femme monte à Paris et devient la maîtresse d'un homme riche et cynique. Des années plus tard, elle retrouve son premier amour – dont elle a été séparée suite à un quiproquo – qui parvient péniblement à vivre de sa peinture. Elle tente de renouer avec lui, mais cette tentative se termine en tragédie.

Cette intrigue aurait pu servir à n'importe quel mélodrame, à la scène ou à l'écran. La nouveauté venait de la subtilité de la narration ; la finesse d'observation de Chaplin, qu'il avait auparavant utilisée pour créer des gags et engendrer le rire, lui permettait ici d'exprimer toutes les nuances

Par la richesse de leur interprétation dans *L'Opinion publique* (*A Woman of Paris*), Adolphe Menjou et Edna Purviance (ci-dessous) inaugurèrent un nouveau style de comédie dramatique.

Au cours d'un bref séjour à Berlin, Chaplin rencontra l'actrice de cinéma Pola Negri, d'origine polonaise (à gauche). Lorsqu'elle arriva à Hollywood en 1923, ils vécurent une liaison passionnée, et on fit même courir le bruit d'un futur mariage. Lors de leurs fiançailles, Pola s'intéressa vivement à la construction de la nouvelle demeure du cinéaste, sur Summit Drive (ci-contre). En plaisantant, Chaplin qualifiait son style architectural de «gothique californien». C'est là qu'il allait habiter jusqu'en 1952.

psychologiques des personnages. Ce style réaliste et sans emphase allait exercer une influence profonde sur la comédie hollywoodienne. Ernst Lubitsch, passé maître en ce genre, reconnut tout ce qu'il devait à Chaplin. Les quatre jeunes assistants du film, Edward Sutherland, Monta Bell, Jean de Limur et Henri d'Abbadie d'Arrast, devinrent à leur tour de brillants réalisateurs.

Peu de films ont soulevé un enthousiasme aussi unanime dans la presse. Pourtant, le public bouda *L'Opinion publique* à sa sortie en 1923. Les articles découragèrent-ils les spectateurs en leur promettant une œuvre d'art et non le rire qu'ils cherchaient en Chaplin ? Pire, leur idole ne faisait qu'une brève apparition sous les traits d'un porteur de bagages et ne figurait même pas au générique. Dans plusieurs Etats, la censure ajouta à l'échec commercial. Blessé, Chaplin s'opposa à toute projection du film après la première distribution. Ce n'est qu'à la fin de sa vie qu'il ajouta une bande sonore pour une reprise – qui ne remporta guère plus de succès que l'original.

Le facétieux Douglas Fairbanks fait mine de s'ennuyer pendant que Chaplin lui fait visiter son studio, en compagnie de sa femme Mary Pickford, en avril 1919.

Un prospecteur affamé

Chaplin a souvent répété qu'il souhaitait passer à la postérité grâce à *La Ruée vers l'or* (*The Gold Rush*). Une fois de plus, il allait faire rire avec les sujets les moins drôles. Il trouva l'idée du film en voyant à Pickfair, la villa de Douglas Fairbanks et Mary Pickford, des stéréogrammes de la ruée vers l'or sur le Klondike. Il lut aussi le récit de l'équipée de George Donner qui, en 1846, avait conduit un groupe de travailleurs itinérants vers la Californie. Dans la Sierra Nevada bloquée par les neiges, les conditions de survie devinrent si précaires que certains durent se résoudre à manger les cadavres de leurs camarades. C'est à partir de ce thème sinistre que Chaplin créa l'une de ses comédies les plus fortes.

Une partie du tournage eut lieu en extérieur à Truckee, sur les hauteurs de la Sierra Nevada, l'autre en studio, dans des décors reproduisant le désert enneigé où les acteurs en manteaux de fourrure transpiraient sous le soleil californien. Pour le premier rôle féminin, Chaplin avait tout d'abord retenu Lillita McMurray, qui avait déjà joué dans *Le Kid*.

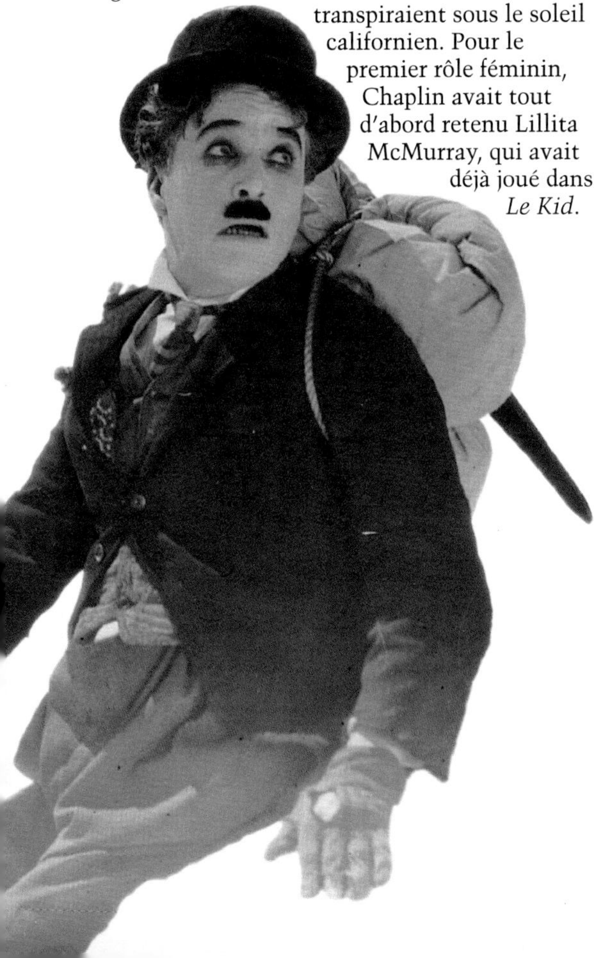

Dans *La Ruée vers l'or* (*The Gold Rush*), Charlot fait partie des milliers d'aventuriers venus chercher fortune dans les immenses étendues enneigées. Entre autres péripéties, il rencontre un ours, un assassin et un prospecteur affable qui, en proie à une hallucination, le prend pour un poulet dodu. Il s'éprend aussi d'une entraîneuse de cabaret, jouée par Georgia Hale (à gauche, sur l'affiche), qui, après bien des vicissitudes, se laisse conquérir par sa sincérité. Charlot deviendra riche grâce à la découverte fortuite d'un gisement d'or. Tout est bien qui finit bien. Mais certaines expressions du visage laissent transparaître la terreur et l'angoisse, rompant avec le registre comique.

« Dans la création d'une comédie, c'est paradoxal, mais la tragédie stimule le sens du ridicule ; parce que le ridicule, sans doute, est une attitude de défi : il nous faut bien rire en face de notre impuissance devant les forces de la nature... ou bien devenir fou » (Charlie Chaplin, *Histoire de ma vie*, 1964). Ainsi, dans *La Ruée vers l'or*, c'est la faim qui déclenche l'hilarité, cette même faim dont Chaplin avait pourtant tant souffert dans son enfance. Dans l'une des scènes les plus célèbres, Charlot et le prospecteur doivent se contenter d'un pauvre godillot pour seul dîner. Chaplin le mijote avec un savoir-faire digne de Brillat-Savarin, puis l'apporte fièrement sur la table. Il en savoure les lacets, comme s'il s'agissait de spaghettis, la semelle comme si c'était un poisson fin, non sans en avoir délicatement ôté les clous comme des arêtes. Les chaussures utilisées pour le film étaient en réglisse. On dit qu'au terme des trois jours que dura le tournage, Chaplin et l'acteur Mack Swain furent pris de violents maux de ventre.

La danse des petits pains dans *La Ruée vers l'or* est sans doute la scène la plus connue de toute l'œuvre de Chaplin. Ce gag avait déjà été utilisé par Fatty Arbuckle, qui avait joué autrefois avec Chaplin, mais c'est ce dernier qui lui donna ses lettres de noblesse. Lors de la première berlinoise au cinéma Delphi, en 1925, le public applaudit si fort que l'on repassa la scène une seconde fois. De telles réactions furent observées dans d'autres villes. A Londres, la BBC naissante diffusa une émission de dix minutes où l'on entendait seulement les rires des spectateurs lors d'une projection.

Elle avait à peine seize ans ; on la rebaptisa Lita Grey et le service de presse du studio fit croire qu'elle en avait dix-neuf. Après huit mois de tournage, il fallut s'interrompre quand on découvrit que Lita était enceinte. De nouveau, Chaplin se laissa prendre au piège d'un mariage hâtif, voué à l'échec.

Le tournage de *La Ruée vers l'or* reprit et s'acheva avec une nouvelle actrice, Georgia Hale. Le film sortit en 1925 et devint l'un des plus grands succès critiques et commerciaux du cinéaste.

Cependant, dans sa vie privée, Chaplin traversait une nouvelle crise. Lita avait donné naissance à deux fils, Charles Spencer en mai 1925 et Sydney Earle en mars 1926. Mais Chaplin n'avait plus envie de rentrer dans sa belle demeure de Summit Drive, à Hollywood, construite à peine trois ans plus tôt. Après la première de *La Ruée vers l'or*, il alla passer deux mois à New York et noua une courte liaison avec une jeune actrice aussi jolie qu'intelligente : Louise Brooks.

En 1942, Chaplin composa une nouvelle musique pour *La Ruée vers l'or*. Il remplaça les intertitres par un commentaire qu'il lut : on l'entend appeler Charlot «Le petit bonhomme» («The Little Fellow»). Il changea aussi la fin, supprimant l'étreinte de Charlot et de Georgia.

Avant de tourner *Le Cirque* (*The Circus*) en 1925, Chaplin s'entraîna pendant des semaines afin de maîtriser parfaitement l'art de l'équilibrisme.

La scène de la cage aux lions nécessita plus de deux cents prises… L'un des animaux était tout sauf docile, et Chaplin avoua plus tard que l'expression d'effroi qu'on peut lire sur son visage était bien réelle.

Sur la corde raide, attaqué par des singes

De retour à Hollywood, Chaplin s'attela au travail préparatoire de son film suivant, *Le Cirque* (*The Circus*). Il en imagina d'abord une scène cruciale, terrifiante et comique, puis élabora tout autour les divers éléments de l'histoire : se substituant à un funambule, Charlot évolue sur une corde raide, au-dessus de la piste, sans filet. Son harnais de sécurité se desserre, il est attaqué par des singes qui déchirent son pantalon. Sans compter qu'il a oublié ses collants…

L'histoire est toujours celle du vagabond : poursuivi par la police, il se réfugie dans un cirque et se révèle si drôle qu'on l'engage comme clown. Hélas il n'est drôle que malgré lui ! Il s'éprend de la fille du propriétaire, un homme brutal contre lequel il la défend. L'idylle s'achève à l'arrivée d'une nouvelle vedette, le funambule dont il a tenté d'usurper la place avec le succès que l'on sait. Quand le cirque repart, Charlot reste seul sur une piste d'herbe piétinée.

Le funambule était joué par Harry Crocker, beau jeune homme issu d'une famille de banquiers de

San Francisco. Très vite, le cinéaste ne put se passer de lui lors de ces réunions où l'équipe discutait de l'histoire, selon la méthode utilisée depuis l'époque de la Mutual. Après avoir arrêté l'intrigue dans ses grandes lignes, Chaplin esquissait jour après jour les gags et le rythme de la *faction* suivante – terme qui désignait une séquence dans le langage de son studio. Une secrétaire notait toutes les bonnes idées, et ce n'est que lorsqu'il estimait en avoir assez pour s'en inspirer que Chaplin passait au tournage. A la fin de chaque scène, les réunions recommençaient, et ainsi de suite.

Les déboires d'un tournage : orage, incendie et divorce

Dès le début, *Le Cirque* joua de malchance : la production dut être retardée quand des orages endommagèrent le chapiteau du décor, fabriqué sur mesure ; une erreur en laboratoire abîma tout ce qui avait été filmé lors des premières semaines ; neuf

Henry Bergman interpréta un clown dans *Le Cirque* (ci-dessous). Bien qu'il ait débuté sa carrière à l'Opéra et dans la musique, Bergman prétendit que c'était lui qui avait appris à Chaplin et à Harry Crocker à marcher sur la corde raide. Il joua des rôles de composition dans les films de Chaplin, mais fut souvent à l'origine de tensions parmi le personnel du studio, qui lui reprochait ses flagorneries. Bergman possédait aussi un restaurant, le Henry's, qui, grâce à la fréquentation régulière du cinéaste, devint la cantine du tout-Hollywood des années vingt. Il fit sa dernière apparition à l'écran dans *Les Temps modernes*, sous les traits d'un haut fonctionnaire, lors de l'inauguration d'une statue.

mois après le début du tournage, le studio fut en grande partie ravagé par un incendie ; enfin, le gouvernement accusa Chaplin d'avoir fraudé le fisc pour plus d'un million de dollars.

C'est aussi le moment que Lita choisit pour quitter le domicile conjugal. Le 10 janvier 1927, elle entama une procédure de divorce spectaculaire qui mêlait à Chaplin son studio, sa compagnie, son chauffeur, son gestionnaire, la National Bank de Los Angeles et la banque d'Italie. On fit surveiller le studio, ouvrir le coffre-fort et la chambre forte, mais Chaplin, prévoyant, avait eu l'heureuse idée de mettre le négatif du *Cirque* à l'abri. Après des mois de battage dans la presse à scandale, le divorce fut

Le tournage du *Cirque* fut une succession de cauchemars pour Chaplin. Quand les décors du film prirent feu, le 28 septembre 1926, le photographe surprit le cinéaste contemplant l'étendue des dégâts (ci-contre). Et, en 1927, son divorce avec Lita Grey (au centre, prêtant serment devant le tribunal) n'arrangea rien. Malgré toutes les attaques qu'il subit alors, Chaplin fut toujours soutenu par les cinéastes français : «On ne peut plus rien dire sur Chaplin qui soit juste et qui ne soit banal, et pourtant tout ce que l'on a dit sur lui est encore insuffisant. La foule ne sait pas encore que Chaplin est le plus grand auteur dramatique, le plus grand créateur de fictions qui vive en notre temps. Son talent d'acteur a fait tort à son génie d'auteur. La plupart des critiques et des écrivains voient avant tout en lui le "mime génial", le "clown sublime", épithètes qui le diminuent. Chaplin n'est pas seulement cela, c'est un acteur et l'un des meilleurs. Mais de grands acteurs peuvent parfois l'égaler. Auteur, il est unique et aucun auteur de films ne peut lui être comparé» (René Clair, 1929).

prononcé : Chaplin fut condamné à verser six cent mille dollars à Lita et à laisser cent mille dollars à chacun de ses fils – décision alors la plus sévère dans l'histoire judiciaire américaine.

Si la réputation de Chaplin ne fut pas entachée par le sordide de cette affaire, c'est qu'il jouissait d'une immense popularité dans le monde entier. Quelques associations féministes tentèrent de boycotter ses films, mais Chaplin trouva l'appui de nombreux intellectuels français, parmi lesquels Louis Aragon, René Clair, Germaine Dulac et Man Ray ; il fut même invité à émigrer en Union soviétique pour échapper à l'«hypocrisie» du capitalisme.

Après huit mois d'interruption forcée, Chaplin put enfin reprendre son travail sur *Le Cirque*. Le film sortit en janvier 1928. Il frappe encore par sa fraîcheur et sa vitalité qui font presque oublier les difficultés liées à sa réalisation.

Charlot ne parlera jamais

Tandis que Chaplin travaillait sur *Le Cirque* et s'occupait de son divorce, le cinéma avait connu la

révolution du parlant. Le premier film avec accompagnement musical synchronisé, *Don Juan*, d'Alan Crosland, sortit le 6 août 1926 ; le premier film entièrement parlant, *Les Lumières de New York*, de Bryan Foy, le 8 juillet 1928. *The Better 'Ole* avait été l'un des premiers films réalisés avec musique synchronisée ; Sydney Chaplin y tenait la vedette après avoir quitté provisoirement son frère pour tenter sa chance comme acteur comique.

Cette révolution ébranla Hollywood. Désormais les studios devaient réunir des fonds supplémentaires afin d'investir dans l'équipement sonore. Même les stars se sentaient menacées si leur voix ou leur diction – comme c'était souvent le cas – ne correspondaient pas à leur physique : Georgia Hale compta ainsi parmi ceux et celles dont la carrière cinématographique s'interrompit brutalement.

Pour Chaplin, le problème se posait en termes aigus. Plus que quiconque, il avait élevé la pantomime au rang d'un langage universel capable

Selon l'écrivain Alistair Cook, la première rencontre du vagabond et de la fleuriste dans *Les Lumières de la ville* (*City Lights*) est comme «l'eau courant sur les roches». Pourtant, cette scène, en apparence si simple, donna à Chaplin plus de mal que presque toutes les autres séquences. Il la reprit tous les jours durant des semaines, et n'était jamais satisfait du travail de Virginia Cherrill.

de fasciner le public du monde entier. Allait-il risquer de perdre une partie de ces spectateurs pour ne conserver que ceux qui comprenaient l'anglais ? De plus, chacun s'était fait son idée du personnage. Comment Chaplin pouvait-il lui prêter une voix ? Et quelle voix, quel accent ? A des journalistes, il rétorqua un jour que le cinéma parlant était une impasse, et il se lança en mai 1928 dans la préparation d'un nouveau film muet : *Les Lumières de la ville* (*City Lights*).

Histoire d'une femme qui recouvre la vue

Pendant plus d'un an – et après le début du tournage – Chaplin travailla sur l'histoire, inventa, peaufina, coupa. D'emblée, il savait que le film raconterait l'histoire d'une jeune aveugle, et il avait une idée précise de la dernière scène. Le scénario des *Lumières*

« *Les Lumières de la ville* étaient un film muet idéal, et rien ne pouvait me détourner de mon projet. Mais je me heurtais à divers problèmes. Depuis l'avènement du parlant, qui remontait maintenant à trois ans, les acteurs avaient presque oublié la pantomime. Tout leur rythme était passé dans la parole et non plus dans l'action. »

Charlie Chaplin, *Histoire de ma vie*, 1964

de la ville est admirable par la simplicité de sa structure. Lors d'une errance dans la grande ville anonyme, Charlot se lie d'amitié avec une fleuriste aveugle, sa compagne d'infortune. Un jour, Charlot apprend que la jeune fille recouvrera la vue si elle peut subir une opération à Vienne. Afin de réunir les fonds nécessaires, le vagabond devient balayeur, boxeur. C'est alors qu'il retrouve un millionnaire éméché, qu'il a sauvé du suicide ; dans un élan de générosité, ce dernier lui donne de l'argent que Charlot remet à son aimée. Mais une fois dégrisé le donateur a oublié son geste : accusé de cambriolage, Charlot est jeté en prison. La jeune fille guérit et ouvre un joli magasin de fleurs. Elle songe à ce bienfaiteur qu'elle n'a jamais vu et qu'elle imagine riche et séduisant. Charlot, enfin libéré, plus misérable que jamais, se poste à l'extérieur de la boutique et la contemple avec ravissement. Au moment où elle s'approche de lui, il tente de fuir ; mais en lui tendant une fleur et une pièce de monnaie, elle effleure sa main et le reconnaît. Long regard. Les propos qu'ils échangent apparaissent sur les intertitres : « Vous ? »,

Chaplin n'appréciait guère son actrice Virginia Cherrill. Il la trouvait trop mondaine et estimait qu'elle n'était pas très sérieuse dans son travail. Si le film la montre si convaincante, c'est peut-être parce que le cinéaste n'a pas ménagé ses efforts avec elle.

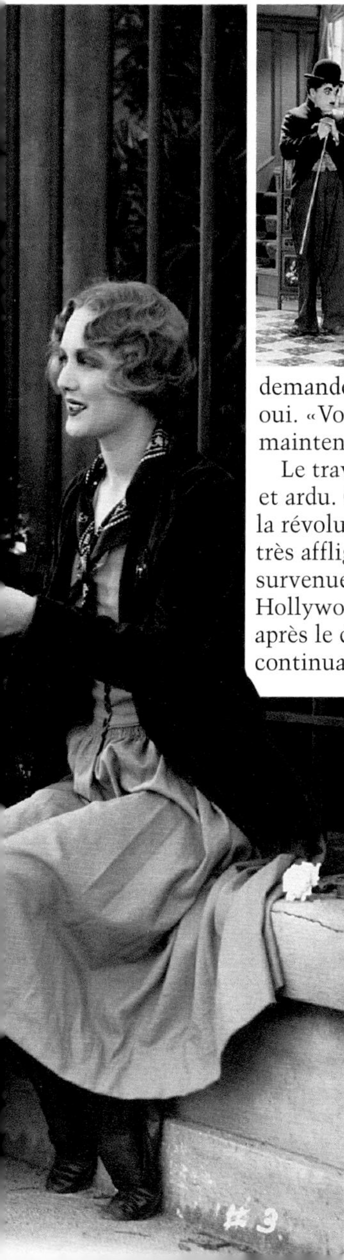

demande-t-elle. Il fait signe que oui. «Vous pouvez voir maintenant ?»

Le travail sur ce film fut long et ardu. Chaplin s'inquiétait de la révolution du parlant, et il fut très affligé par la mort de sa mère survenue dans un hôpital de Hollywood, le 28 août 1928, juste après le début du tournage. Il continua à explorer de

Le registre comique des *Lumières de la ville* repose en grande partie sur le personnage du millionnaire alcoolique, joué par Harry Myers, un acteur chevronné (ci-contre). L'écrivain Dan James, jeune assistant sur le tournage du *Dictateur*, écrivit à propos de Chaplin : «Il n'avait probablement jamais lu Marx, mais sa vision du millionnaire des *Lumières de la ville* est une image assez exacte des conceptions de Marx sur le cycle des affaires. [...] Chaplin en offre une métaphore magnifique. Etait-il conscient de la signification sociale de tout ceci ? Je l'ignore. Mais il l'avait *saisie*.»

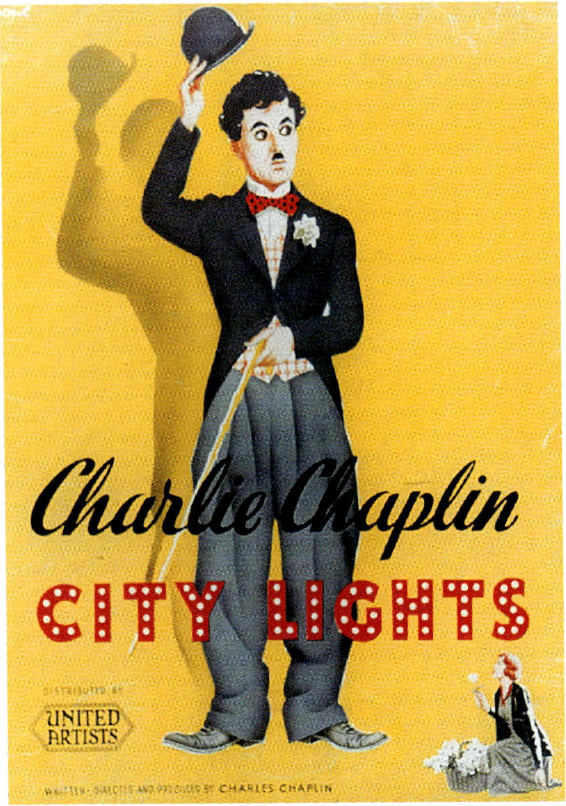

nouvelles idées mais était plus acariâtre que jamais : Harry Crocker fit partie des acteurs renvoyés, comme Virginia Cherrill, la vedette féminine. Mais après quelques séances d'essai avec Georgia Hale, il reprit Virginia Cherrill... qui en profita pour exiger une hausse de salaire.

De la musique et des effets sonores

Le tournage des *Lumières de la ville* dura vingt et un mois, interruptions comprises. Le montage fut achevé à la fin de l'année 1930, et comme les films devaient désormais être sonorisés, on ajouta une bande musicale synchronisée. Chaplin fit preuve de

La célébrité de Chaplin attira de nombreux visiteurs à son studio. Chaque fois, ses hôtes étaient filmés et photographiés pour les archives du studio, par exemple Winston Churchill sur le plateau des

Lumières de la ville, en janvier 1930 (à droite). La première de ce film fut un événement exceptionnel, aux Etats-Unis comme en Europe. A Los Angeles, toute l'aristocratie du cinéma afflua au Theatre on Broadway, un cinéma qui venait juste d'être construit ; à New York, Albert Einstein et sa femme comptaient au nombre des invités de Chaplin (ci-dessus) ; à Londres, le cinéaste n'était pas tout à fait à son aise aux côtés du grand dramaturge irlandais George Bernard Shaw (ci-dessus, à droite).

beaucoup d'esprit dans son utilisation des effets sonores : ainsi, dans une séquence hautement comique, Charlot avale un sifflet et, tel un ventriloque, fait entendre une sorte de hoquet musical ; dans la fameuse scène d'inauguration d'une statue, les voix des orateurs sont remplacées par des notes aiguës jouées au saxophone – allusion ironique à la piètre qualité sonore des premiers films parlants.

Chaplin stupéfia l'industrie cinématographique et le public en composant lui-même la partition des *Lumières de la ville*. Dès lors, tous les arrangeurs qui allaient travailler avec lui rendraient hommage à ses dons, à sa précision, à son professionnalisme. Les mélodies de ses films suivants, des *Temps modernes* puis des *Feux de la rampe*, sont entrées à jamais dans le répertoire populaire.

Londres, Berlin, Paris : de Churchill à Einstein

En février 1931, après les premières triomphales à Los Angeles et à New York, Chaplin partit à Londres pour présenter *Les Lumières de la ville*. Il ne reviendrait aux Etats-Unis que seize mois plus tard. Sans doute fuyait-il les difficultés que

«Je terminais enfin *Les Lumières de la ville* ; il n'y avait plus qu'à enregistrer la musique. [...] Je m'efforçais de composer une musique élégante et romanesque pour accompagner mes comédies par contraste avec le personnage de Charlot», rapporte Chaplin dans *Histoire de ma vie*. Il désirait que la musique fût «un contrepoint de grâce et de charme». Ci-dessous, le cinéaste est au violon ; comme il était gaucher, il avait dû faire monter son instrument à l'envers.

traversait Hollywood suite au krach boursier de 1929 ; durant son absence, son studio connut une vague de licenciements qui n'épargna pas même son fidèle caméraman Roland Totheroh.

A Londres, Chaplin s'arma de courage et retourna pour la première fois à l'orphelinat de Hanwell. Il improvisa un spectacle pour le plus grand plaisir des pensionnaires mais ne tint pas sa promesse de revenir les voir. Il quitta l'Angleterre pour visiter Berlin, Vienne, Venise, Paris, où il reçut la Légion d'honneur, la Côte d'Azur, l'Algérie et l'Espagne. Puis il partit pour Singapour et le Japon avant de rentrer à Hollywood en juin 1932.

Lors de ce voyage il fut fêté et accueilli par les plus grands : il côtoya Winston Churchill, Aristide Briand, le roi des Belges, le prince de Galles et Gandhi, rencontra George Bernard Shaw, Albert Einstein, Marlène Dietrich, Jean Cocteau. Il vécut une kyrielle d'amourettes, dont une avec May Reeves qui allait raconter leur idylle dans *Charlie Chaplin intime*.

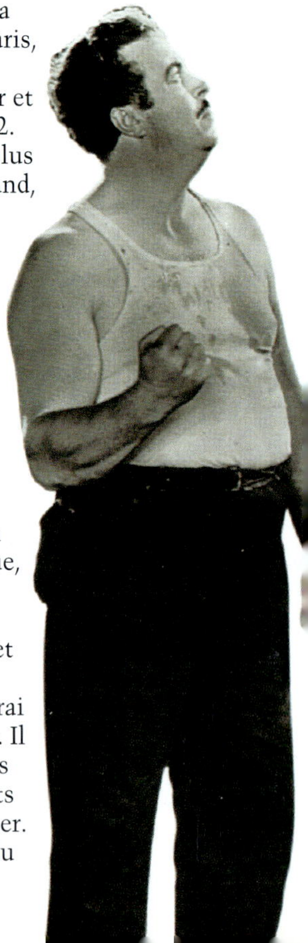

«Les Temps modernes» : dénoncer le machinisme

Un mois après son retour en Amérique, Chaplin s'éprit d'une starlette divorcée de vingt et un ans, Paulette Goddard, de son vrai nom Pauline Levy. Il la fit jouer dans ses deux films suivants et finit par l'épouser. Grâce à son tour du

monde, Chaplin avait perçu les effets de la dépression et senti les dangers du nationalisme en Europe. Préoccupé par la crise économique mondiale, il confia à une journaliste :

«Le chômage est la question vitale [...]. L'humanité devrait profiter de la machine. La machine ne devrait pas signifier la tragédie et la mise au chômage.»

Nul doute que ces réflexions allaient influencer *Les Temps modernes*, sortis en 1936, malgré tout le mal que Chaplin se donna pour démentir les allégations de propagande, et déclarant se méfier des films à thèse.

A l'instar de millions de gens, Charlot doit faire face aux problèmes des années trente : pauvreté, chômage, grèves et briseurs de grève, intolérance politique, tyrannie du machinisme, drogues.

Dans *Les Temps modernes*, Charlot apparaît d'abord sous les traits d'un ouvrier serrant des écrous sur une courroie sans fin ; devenu fou, il courra dans toute l'usine pour serrer tout ce qui ressemble à des écrous, y compris les boutons de la robe d'une femme.

CF1
5-P-35

“Charlot a toujours vu le prolétaire sous les traits du pauvre : d'où la force humaine de ses représentations, mais aussi leur ambiguïté politique. Ceci est bien visible dans ce film admirable, *Les Temps modernes*. Charlot y frôle sans cesse le thème prolétarien, mais ne l'assume jamais politiquement ; ce qu'il nous donne à voir, c'est le prolétaire encore aveugle et mystifié, défini par la nature immédiate de ses besoins et son aliénation totale aux mains de ses maîtres (patrons et policiers). Pour Charlot, le prolétaire est encore un homme qui a faim : les représentations de la faim sont toujours épiques chez Charlot : grosseur démesurée des sandwiches, fleuves de lait, fruits qu'on jette négligemment à peine mordus ; par dérision, la machine à manger (d'essence patronale) ne fournit que des aliments parcellés et visiblement fades.”

Roland Barthes, *Mythologies*, 1957

Le premier intertitre du film («L'histoire de l'industrie, de l'entreprise individuelle – la croisade de l'humanité à la poursuite du bonheur») est suivi d'un montage symbolique : des troupeaux de moutons puis des flots d'ouvriers à la sortie d'une usine... Charlot est l'un de ces ouvriers : il se trouve empêtré sur un tapis roulant, est happé par les rouages d'une énorme machine, et sert de cobaye à une autre machine, la «machine à manger», système d'alimentation automatique destiné à accroître la productivité... en réduisant le temps du déjeuner. Il en perd la raison.

Dans une note rédigée lors de la préparation de son film, Chaplin définit ainsi les deux personnages principaux des *Temps modernes*, Charlot et la «gamine», une orpheline jouée par Paulette Goddard : «Les deux seuls esprits vivants dans un monde d'automates.»

Le dernier film muet : Charlot disparaît

Chaplin se résolut alors à commettre l'inévitable : il enregistra quelques scènes dialoguées, puis se ravisa.

Comme *Les Lumières de la ville*, *Les Temps modernes* restent donc pour l'essentiel un film muet avec effets sonores et accompagnement musical signé Chaplin. Un film muet, excepté une scène, celle du dénouement où, pour la première fois, on entend sa propre voix : Charlot a pris la place d'un chanteur de cabaret, il a écrit ses paroles sur les manchettes de sa chemise mais ces manchettes s'envolent au premier geste. Privé de son aide-mémoire, il improvise un galimatias à consonance italianisante et l'entonne d'une chaude voix de baryton.

Les Temps modernes représentent le dernier film muet tourné à Hollywood. C'est aussi l'ultime apparition à l'écran de Charlot le vagabond.

La dernière scène du film montre le couple s'éloignant vers l'horizon, sur une route de campagne, bras dessus bras dessous. «Nous nous débrouillerons», lit-on sur un intertitre.

Journalistes et caricaturistes avaient souvent relevé d'étranges coïncidences entre Chaplin et Hitler, respectivement l'homme le plus aimé et l'homme le plus haï au monde. Ils étaient nés à quelques jours d'intervalle, en avril 1889, et avaient tous deux choisi d'arborer la même moustache – mais une seule était vraie. Certains sont même allés jusqu'à prétendre qu'Hitler l'avait copiée sur celle de Chaplin pour tirer profit de sa popularité... En 1940, *Le Dictateur* fit grand bruit.

CHAPITRE IV

CHAPLIN APRÈS CHARLOT

Chaplin a toujours été des deux côtés de la caméra : il joue Hynkel dans *Le Dictateur*, puis Calvero, un comique déchu du music-hall dans *Les Feux de la rampe* (à gauche).

A la sortie des *Temps modernes*, Chaplin comprit qu'il ne pouvait plus ignorer le cinéma parlant. Après quelques projets non aboutis, dont une vie de Napoléon, il trouva en 1938 un sujet bien plus fertile en la personne d'Hitler.

Napoléon exerçait une véritable fascination sur Chaplin. Dans les années trente, il écrivit deux scénarios différents et se prépara même à jouer le rôle de l'empereur en exil (à gauche).

«Tourner en dérision la folie homicide des nazis»

A la veille de la Seconde Guerre mondiale, Chaplin s'inquiétait de ce qu'il appelait les «mauvaises manières» qui régnaient dans le monde. Il décida de s'y attaquer avec la seule arme en son pouvoir : le comique. «Si j'avais connu les réelles horreurs des camps de concentration allemands, écrivit-il dans *Histoire de ma vie*, je n'aurais pas pu réaliser *Le Dictateur*; je n'aurais pas pu tourner en dérision la folie homicide des nazis.» Pour notre plus grand bonheur, il ne s'en priva pas : cela donna *Le Dictateur* (*The Great Dictator*).

Ce premier film dialogué de Chaplin nécessita une révision complète de ses habitudes de tournage. En faisant venir de l'extérieur une équipe technique plus nombreuse, la production d'un parlant rendait économiquement impossible la pratique des pauses pendant lesquelles on s'entretenait à loisir de l'histoire et des gags. Désormais Chaplin devait travailler sans s'arrêter à partir d'un scénario précis ; l'ancien système des discussions et des réunions, au cours desquelles les idées et les gags étaient remodelés ou rejetés, contamina ainsi l'écriture du film. Le scénario du *Dictateur* est l'un des plus élaborés de toute l'histoire d'Hollywood : il s'étend sur plus de trois cents pages, et est divisé en séquences numérotées avec le plus grand soin.

«Le Dictateur» : un défi au monde

Dès 1938, Chaplin avait arrêté l'idée principale de son film : un petit barbier juif se substitue par hasard à Adenoid Hynkel, dictateur monstrueux dont il est le sosie. La rivalité entre ce Hynkel et un autre dictateur, Benzino Napaloni – qui n'est autre que la caricature de Benito Mussolini – apparaît également dans les premières notes du scénario. Même si on ressent aujourd'hui quelque malaise devant certaines scènes où les membres des sections d'assaut nazies sont traités comme des bouffons, *Le Dictateur* recèle quelques inventions qui comptent parmi les plus mémorables de Chaplin : les aventures du petit barbier avec un

Pour préparer sa satire d'Hitler et de Mussolini, Chaplin étudia les actualités de l'époque. Son film parodie les attitudes grotesques que prenait le Duce, joué par Jack Oakie (à gauche), met en scène la violence exercée contre le barbier et Hannah (Paulette Goddard, ci-dessus), ainsi que le style oratoire du Führer (double page suivante).

canon et un avion sur le front occidental, où on l'abandonne sans même l'informer de la fin de la guerre, et surtout le sinistre ballet d'Hynkel avec un globe terrestre. Le discours final que prononce le barbier, debout à la tribune à la place du dictateur, a divisé les critiques. Les réactionnaires l'ont accusé de propagande communiste tandis que les radicaux en ont rejeté la naïveté. Plus dc cinquante ans après, ce texte aux vérités simples demeure émouvant.

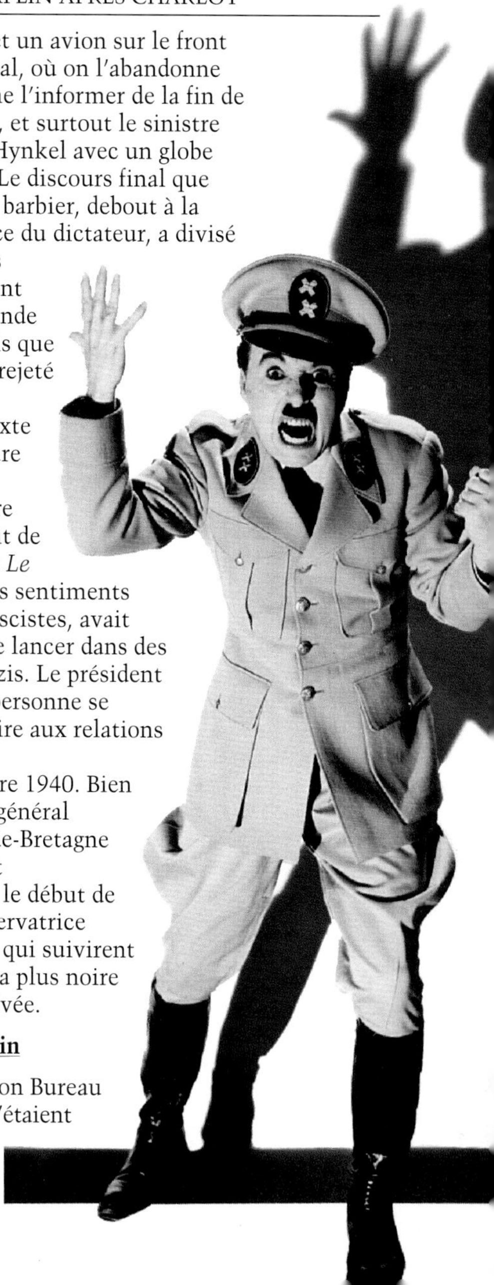

A ce moment de l'histoire américaine, Chaplin courait de grands risques en tournant *Le Dictateur*. La puissance des sentiments isolationnistes, voire profascistes, avait découragé Hollywood de se lancer dans des sujets ouvertement antinazis. Le président Franklin D. Roosevelt en personne se plaignit que le film pût nuire aux relations extérieures du pays.

Le Dictateur sortit en octobre 1940. Bien que l'accueil du public fût en général chaleureux – et, dans la Grande-Bretagne en guerre, exceptionnellement enthousiaste – le film marqua le début de l'hostilité de l'Amérique conservatrice contre le cinéaste. Les dix ans qui suivirent allaient constituer la période la plus noire de sa vie professionnelle et privée.

Le FBI s'acharne contre Chaplin

Dès 1922, J. Edgar Hoover et son Bureau of Investigation (le futur FBI) s'étaient penchés sur le cas Chaplin. Cet étranger s'était hissé au pinacle d'Hollywood sans jamais chercher à obtenir la nationalité américaine. Et la nature de ses films attirait volontiers les intellectuels progressistes, donc suspects. Chaplin était trop indépendant d'esprit pour adhérer à un parti politique quel qu'il soit. Mais au début des années vingt, quand sévit la grande peur des Rouges, puis, plus tard, lors de la guerre froide, le FBI se donna un mal fou – mais en vain – pour faire la preuve des liens entre Charlie Chaplin et le parti communiste.

A San Francisco, en mai 1942, on demanda au cinéaste de remplacer au pied levé un orateur lors d'un rassemblement soutenant la Russie en guerre. Il y acquit le goût de la parole en public et eut le sentiment de remplir tout simplement son devoir patriotique lorsqu'il participa ensuite à des réunions servant d'autres causes de la guerre : la création d'un second front, le «Front des artistes pour gagner la guerre», les «Arts en faveur de la Russie» et le «Soutien à notre allié russe». Les agents du FBI se délectaient de ses moindres déclarations ; quand Chaplin avait l'imprudence d'appeler ses auditeurs «Camarades», ils en tiraient de grandes conclusions…

L'affaire Joan Barry

Les événements allaient prendre une tournure plus sinistre. Le FBI fournit à des journalistes coopérants des documents pouvant entraîner la ruine de Chaplin, telle la critique élogieuse du *Pèlerin* parue dans la *Pravda*... quelque vingt ans plus tôt. Et en 1943 il se fit une alliée involontaire en la personne de Joan Barry, jeune actrice que Chaplin avait rencontrée en 1941. Il l'avait trouvée attirante et semble avoir été un temps convaincu de ses talents d'actrice. Mais il s'aperçut vite qu'elle souffrait de déséquilibre mental et qu'elle pouvait être dangereuse – un jour, elle le menaça d'un revolver. Chaplin offrit alors à sa mère deux billets de train pour qu'elle emmène sa fille à New York. Mais Joan continua à lui attirer des ennuis. C'est alors que tout se gâta.

Le FBI orchestra une campagne de diffamation contre Chaplin et quelques autres, les accusant d'avoir conspiré pour priver Joan Barry de ses droits civiques. Ils tombaient aussi sous le coup du Mann Act, une loi de 1910 interdisant de faire traverser à une femme les frontières d'un Etat dans un but immoral – voilà comment était interprété le don des billets de train. Puis le FBI poussa Joan Barry à intenter un procès contre Chaplin : elle prétendit qu'il était le père de l'enfant qu'elle attendait. A la naissance du bébé, des analyses de sang établirent que cela était faux, mais les tribunaux ne reconnaissaient pas encore ce type de preuve. Le jury, composé de onze femmes et d'un homme, conclut à la culpabilité de Chaplin. L'ironie voulut que lors de

Les procès successifs qu'intenta Joan Barry à Chaplin, entre 1943 et 1945, n'étaient que de sombres manœuvres du FBI pour humilier et discréditer le cinéaste. Le 14 février 1944 (ci-dessous), Chaplin comparut devant le tribunal, se frayant un chemin parmi les photographes dans les couloirs du Federal Building, à Los Angeles. Le témoignage de Joan Barry était peu fiable, et les efforts que le FBI fit pour présenter sa mère – alcoolique et querelleuse – comme une mère attentionnée, comptent parmi les épisodes les plus grotesques consignés dans le «dossier Chaplin».

cette procédure sordide, qui dura de 1943 au début de 1945, Chaplin rencontrât Oona O'Neill, la fille du célèbre dramaturge américain Eugene O'Neill. Il l'épousa le 16 juin 1943. Pendant les trente-quatre dernières années de son existence, elle allait lui apporter l'amour, la fidélité et le calme qui lui avaient toujours échappé jusque-là. Leur premier enfant, Geraldine, naquit le 1er août 1944, et leur huitième et dernier, Christopher, le 8 juillet 1962.

Accablé lors de sa déposition, Chaplin dut répondre de ses actes. Son avocat, Jerry Giesler, se tient à ses côtés. Au terme de cette sombre affaire, son accusatrice Joan Barry connaîtra une déchéance rapide. Mariée et mère de famille, elle semble s'être fait admettre en hôpital psychiatrique. Puis on perd sa trace : il y a peu de temps, ses propres enfants ne savaient pas si elle était encore en vie.

Les crimes de «Monsieur Verdoux»

C'est à cette époque que Chaplin s'attela à un nouveau film, *Monsieur Verdoux*. En 1942, Orson Welles eut l'idée d'une comédie noire racontant la vie de Landru. Il accepta de la céder à Chaplin moyennant cinq mille dollars et la mention au générique : «D'après une idée d'Orson Welles.» Le scénario fut construit avec précision et le tournage se déroula en un temps record pour Chaplin.

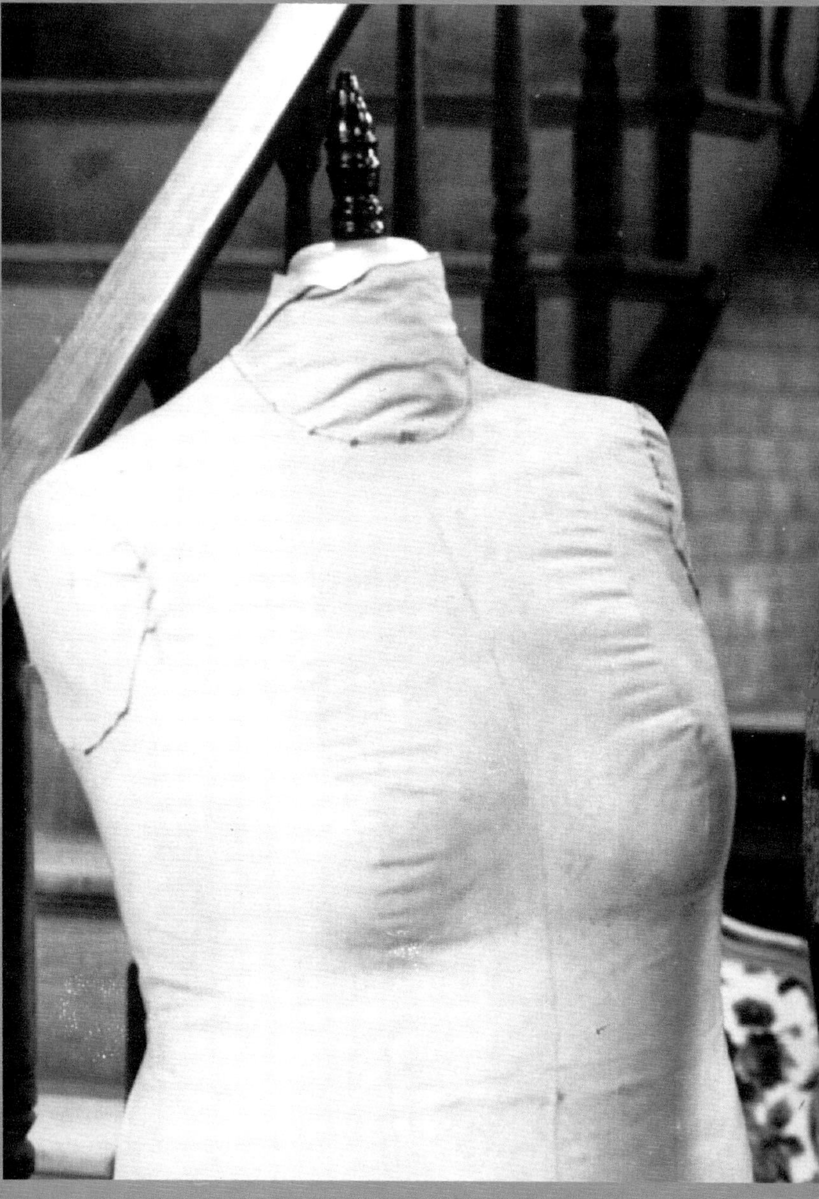

Chaplin qualifiait *Monsieur Verdoux* de «comédie de meurtres». La dimension cynique de ce film, nouvelle chez le cinéaste, reflète à n'en pas douter sa désillusion face à l'intolérance grandissante de l'Amérique maccarthyste. Ce monsieur Verdoux est un époux exemplaire, veillant sur sa femme invalide, un bon père et un bourgeois fort respectable des années trente, qui vit à la campagne. Mais il est aussi un Landru, un Barbe-Bleue… «Monsieur Verdoux pense que le meurtre est le prolongement des affaires. En ce sens, il reflète les sentiments de l'époque que nous vivons – les catastrophes engendrent des gens comme lui. Il personnifie la dépression et les troubles nerveux. Il est frustré, amer et enfin pessimiste. Mais il n'est jamais morbide ; et le film n'est en aucun cas morbide […]. Dans certains cas, le meurtre peut être comique», confia Chaplin à un journaliste peu de temps avant la sortie du film, en 1947.

Il ne lui fallut que quatre-vingts jours, du 21 mai au 5 septembre 1946. Le Paris de l'avant-guerre fut reconstitué en studio grâce aux conseils de son assistant, le Français Robert Florey.

Aux côtés de merveilleuses actrices – telles Martha Raye, Isobel Elsom, Margaret Hoffman, Marjorie Bennett ou Almira Sessions – Chaplin interprète un petit employé de banque courtois. Après avoir perdu son travail lors du krach boursier, il se lance dans une entreprise plus prospère : épouser de riches veuves puis s'en débarrasser. Il se fait arrêter et, stoïque, monte sur l'échafaud, non sans avoir remis en cause la logique de la justice dans une société où les honnêtes gens meurent de faim tandis que les trafiquants d'armes s'engraissent.

Peu importe que le film se passe dans la France des années trente : l'Amérique conservatrice de la guerre froide se sentit directement visée par la joyeuse anarchie des opinions de Verdoux exprimées lors de la fameuse scène du procès. La censure s'en mêla et fit modifier certains passages du scénario, qu'elle jugea subversifs. Mais cette réplique de Verdoux a été conservée dans la version définitive : «Un seul meurtre fait un méchant, des millions un héros. Le nombre sanctifie, mon bon ami.»

Chasse aux sorcières à Hollywood

Ces affirmations faisaient de Chaplin la cible idéale des réactionnaires américains, déjà excités par la campagne de calomnie du FBI et le procès Barry. Sans

Monsieur Verdoux ne manifeste ni surprise ni inquiétude lorsqu'il est reconnu et accusé par la sœur de l'une de ses victimes (en haut). Avant d'être mené à la guillotine (à droite), il demande à voir un prêtre, qui lui dit : «Puisse le Seigneur avoir pitié de votre âme.» A quoi Verdoux réplique avec philosophie : «Pourquoi pas ? Après tout, elle Lui appartient.» Ce type de dialogue valut à Chaplin l'hostilité d'organisations conservatrices, telle celle des Anciens Combattants catholiques...

doute une partie des spectateurs n'assista-t-elle à la première new-yorkaise du film, le 11 avril 1947, que pour manifester son mécontentement. Le lendemain, la conférence de presse tourna à l'inquisition : le cinéaste dut répondre de ses positions politiques, de sa loyauté comme de ses amitiés avec des communistes notoires, tel le compositeur Hanns Eisler.

La sortie de *Monsieur Verdoux* coïncida avec le début de l'enquête menée par la commission des Activités anti-américaines pour traquer les tendances communistes dans le monde du cinéma.

Ce fut un véritable cauchemar à Hollywood. Chaplin se vit assigné à comparaître mais l'audience fut ajournée trois fois avant d'être annulée : la commission avait-elle eu vent de sa menace de se présenter en vagabond pour tourner

l'enquête en dérision ? Chaplin ne cacha jamais ses opinions et ses principes et ne fit jamais cas de la presse à scandale qui le traînait dans la boue. Quand commença la procédure d'expulsion d'Hanns Eisler, il adressa un télégramme à Picasso qui, selon le FBI, «se définissait comme communiste», afin d'organiser à Paris une manifestation d'artistes français devant l'ambassade américaine. Une telle demande montre que la famille Chaplin se sentait de plus en plus isolée dans la capitale du cinéma en proie à la paranoïa.

Dernière parade d'un vieux clown

Son film suivant, *Les Feux de la rampe* (*Limelight*), permit à Chaplin de s'évader hors du marasme auquel l'Amérique était confrontée en cette fin des années quarante. En préparation dès 1948, il marque le retour au Londres et aux théâtres de sa jeunesse, un retour empreint de nostalgie et de mélancolie.

Chaplin joue Calvero, un vieux comique déchu qui ne parvient plus à décrocher un rôle. Dans la pension où il vivote, il sauve la jeune ballerine Terry du suicide, réussit à la guérir de sa paralysie et l'aide à débuter dans sa carrière. Alors qu'elle devient la vedette du théâtre de l'Empire, il échoue dans ses propres tentatives de remonter sur scène. Terry se croit éprise de son bienfaiteur mais Calvero s'efface, comprenant qu'elle aime Neville, un jeune musicien plein de talent, auteur de la musique du ballet dans lequel elle doit danser.

L'univers, les protagonistes et certains épisodes dramatiques mis en scène dans *Les Feux de la rampe* (*Limelight*) s'inspirent de la propre enfance de Chaplin et de la vie conjugale de ses parents. Mais le thème principal du film, l'amertume de Calvero (à gauche, au violon) devant l'inconstance du public reflétait aussi celle de

Chaplin : en ces années cinquante, ceux qui l'avaient jadis adulé se détournèrent de lui suite aux diverses campagnes de diffamation.
A droite, Calvero et la jeune danseuse Terry, interprétée par Claire Bloom.

(LIMELIGHT)

Ils se retrouveront quelques mois plus tard. Une soirée de gala est organisée en l'honneur de Calvero : pour la dernière fois il conquiert le public avant de s'effondrer en coulisse, succombant à

une crise cardiaque au moment même où Terry entre en scène dans le ballet de Neville.

Une distribution inoubliable

Chaplin confia le rôle de Terry à une actrice de vingt ans, Claire Bloom. Pour le reste, la distribution était une histoire de famille. Les deux fils que lui avait donnés Lita Grey, Sydney âgé de vingt-six ans et Charles de vingt-sept, interprètent Neville et un clown.

Un partenaire célèbre

L*es Feux de la rampe* (*Limelight*) permirent la rencontre à l'écran des deux géants du cinéma burlesque : Buster Keaton y seconde Chaplin dans des scènes restées célèbres. La carrière de Buster Keaton avait décliné depuis les débuts du cinéma parlant et sa tendance à l'alcoolisme n'avait rien arrangé. Sa brillante prestation comique lui valut d'attirer à nouveau l'attention du public, de rétablir sa réputation – fût-ce au détriment de Chaplin – en ses dernières années. Double page suivante : Calvero-Chaplin interprète Monsieur Loyal dans un numéro de puces savantes, puis apparaît en clown dans le ballet de Colombine et d'Arlequin.

Les trois aînés qu'il a eus avec Oona, Geraldine, Josephine et Michael, jouent des badauds dans une scène de rue : c'est là que Geraldine prononce la toute première réplique de sa carrière. Oona fait même une courte apparition afin de doubler Claire Bloom. Pour la scène du ballet – dont il a composé la musique – Chaplin engagea deux célèbres danseurs new-yorkais, André Eglevsky et Melissa Hayden.

Surtout, comment oublier la participation émouvante de Buster Keaton dans le rôle du partenaire de Calvero. Pour la première fois, les deux plus grands comiques du cinéma muet américain se retrouvèrent ensemble à l'écran. Aux dires de ceux qui assistèrent au tournage, chacun tenta de surpasser l'autre, Chaplin en violoniste excentrique, Keaton en accompagnateur.

«J'ai renoncé à ma résidence aux Etats-Unis»

Désireux de montrer son pays natal à Oona et à ses enfants – l'Angleterre ne pouvant alors manquer d'acquérir un nouveau charme à ses yeux – Chaplin décida que la première mondiale des *Feux de la rampe* se tiendrait à Londres. La famille au complet s'embarqua sur le *Queen Elizabeth* le 17 septembre 1952. Après deux jours de traversée, la radio annonça que l'Attorney général avait annulé le visa de retour du cinéaste. S'il tentait de revenir, il pourrait être refoulé au titre d'une clause de la loi d'immigration interdisant l'accès du pays au nom de «la moralité, de la santé publique, de la folie, de la propagande en faveur du communisme ou d'association avec des organisations communistes ou pro-communistes».

Mais les autorités savaient que si Chaplin choisissait de revenir en Amérique, elles n'auraient aucun argument pour lui refuser le droit d'entrée. Le FBI nota dans ses dossiers que ce retour «pourrait

La distribution du premier rôle féminin des *Feux de la rampe* (*Limelight*) préoccupa Chaplin. Il choisit finalement l'actrice anglaise Claire Bloom, que lui avait recommandée le dramaturge Arthur Laurents après l'avoir vue jouer à Londres, dans une adaptation de *L'Invitation au château* de Jean Anouilh.

ébranler les services d'immigration et de naturalisation, ainsi que le ministère de la Justice, jusque dans leurs fondations». Il n'y avait pas lieu de s'alarmer : Chaplin n'allait plus jamais vivre ni travailler aux Etats-Unis. En avril 1953, quand il rendit son permis de retour, il déclara : «J'ai été l'objet de mensonges et d'une propagande maligne de la part de groupes réactionnaires qui, par leur influence et leurs appuis dans la presse délatrice, ont créé une atmosphère malsaine où des individus d'esprit libéral peuvent être montrés du doigt et persécutés. Dans ces conditions, il m'est virtuellement impossible de poursuivre mon travail cinématographique et j'ai en conséquence renoncé à ma résidence aux Etats-Unis.»

En s'embarquant pour Londres, en 1952, sur le paquebot *Queen Elizabeth*, Chaplin retournait en Europe pour la troisième fois depuis son départ de Grande-Bretagne en 1914 ; plus de vingt ans le séparaient de son précédent voyage. Se doutait-il que cette tournée européenne l'éloignerait pour toujours de ce pays où il avait su donner à la figure de l'immigrant une dimension universelle ?

La famille s'installe en Suisse

L'Angleterre réserva à Chaplin un accueil digne d'un héros national et condamna presque unanimement l'attitude américaine. Le 23 octobre 1952, la première londonienne des *Feux de la rampe* constitua un événement mémorable ; les critiques se montrèrent aussi enthousiastes que pour tous les autres films de Chaplin. Et le pays de son enfance lui sembla très sûr, très chaleureux face à cette Amérique qu'il avait quittée. Mais la législation fiscale britannique était trop dure pour qu'il puisse envisager de s'y établir durablement.

En janvier 1953, la famille déménagea en Suisse et élut domicile au Manoir de Ban, à Corsier-sur-Vevey, où Chaplin allait vivre jusqu'à la fin de ses jours. Oona, qui détenait toujours un passeport américain, se rendit quelque temps en Californie afin de régler les affaires financières. Puis la maison et le studio furent vendus. Les derniers liens de Chaplin avec l'Amérique, ce pays qu'il avait fait sien pendant quelque quarante ans, furent rompus.

Un roi déchu et désillusionné

Privé de son propre studio, Chaplin était toutefois décidé à continuer de tourner ; il passa les années 1955 et 1956 à préparer un nouveau film, *Un roi à New York* (*A King in New York*). Il lui fallait du courage : après avoir travaillé si longtemps dans la sécurité et l'indépendance, avec des collaborateurs proches et dévoués, il devait désormais louer son studio, s'entendre avec des étrangers qui ignoraient tout de ses méthodes, et reconstituer New York à Londres aussi fidèlement que possible. Les difficultés et les

Un roi à New York (*A King in New York*) fut le premier film tourné par Chaplin hors du territoire américain. Shahdov, monarque en exil et sans le sou, est soumis à des pressions politiques et confronté à un mode de vie auquel il n'est pas habitué. Il se lie d'amitié avec le fils de dissidents et se voit alors accusé puis contraint de comparaître devant la commission des Activités anti-américaines.
A droite, dans deux scènes comiques, apparaît la jeune Dawn Addams à qui fut confié le premier rôle féminin.

obstacles rencontrés ne se voient que trop dans la version achevée du film, qui demeure pourtant une réussite exceptionnelle.

Un roi à New York raconte l'histoire de Shahdov, qui vient chercher refuge en Amérique suite à la révolution qui a ébranlé son petit royaume d'Europe centrale. Une œuvre symbolique à bien des égards.

Comme il en avait pris l'habitude depuis *Les Lumières de la ville*, le cinéaste composa lui-même la partition de son film, et y incorpora des parodies de chansons populaires. Autodidacte, il avait l'oreille musicale et jouait du violon, du violoncelle et du piano. Double page suivante : Chaplin au pupitre et au piano, lors d'une séance d'enregistrement de la musique d'*Un roi à New York*, en 1957.

C'est la première tentative d'un cinéaste pour montrer l'injustice de la chasse aux sorcières menée dans l'Amérique de la guerre froide. Chaplin y déploie des armes puissantes : ridicule et pathos. Le film sortit en Europe à l'automne 1957 mais n'allait pas être projeté aux Etats-Unis avant une vingtaine d'années.

L'autobiographie d'un géant du cinéma

A l'approche de ses soixante-dix ans, Chaplin ne pouvait rester désœuvré. En 1958, il monta un film de compilation, *La Revue de Charlot*, composé d'*Une vie de chien*, de *Charlot soldat* et du *Pèlerin*, et qui contenait des séquences sur la vie au studio hollywoodien lors de leur tournage. A cette occasion, il composa et enregistra une partition originale.

L'autobiographie de Chaplin a été traduite en plus de vingt-cinq langues. Sur cette photographie-canular, Chaplin, Oona et leurs enfants en lisent différentes versions... En 1964, les aînés Geraldine et Michael avaient quitté le domicile familial. De droite à gauche, de la plus âgée au plus jeune : Josephine, Victoria, Eugene, Jane, Annette et, sur le canapé, Christopher. Un canapé qui fut utilisé pour *Les Lumières de la ville*.

A la fin de sa vie, tout en continuant à travailler sur divers projets, Chaplin aimait s'occuper des siens, s'efforçant de procurer à ses enfants le cadre familial qu'il n'avait lui-même jamais connu. Dans sa demeure de Corsier-sur-Vevey, belle bâtisse du XIXe siècle entourée d'un grand parc, Chaplin se plaisait à filmer les siens avec une caméra 16 mm; il les mettait parfois en scène dans de petites histoires improvisées.

Les scènes documentaires, pleines de charme et d'humour, avaient été réalisées en 1918 pour une œuvre qui devait s'intituler *Comment faire un film* (*How to Make Movies*). Chaplin ne l'avait jamais terminée; elle fut montée en 1981 par Kevin Brownlow et David Gill.

La rédaction de son autobiographie occupa le cinéaste durant les six années suivantes, de 1959 à 1964. Il tenait à l'écrire seul, sans l'aide de personne, sans recours à un «nègre». Il adopta la méthode qu'il avait longtemps utilisée pour ses scénarios, dictait son texte à une secrétaire puis corrigeait abondamment le manuscrit au crayon avant de le faire retaper. Le procédé se répétait jusqu'à ce qu'il fût entièrement satisfait du résultat. Quand parut *Histoire de ma vie* (*My Autobiography*), c'était un travail remarquable : la mémoire de Chaplin était d'une précision étonnante.

Premier film en couleurs et en cinémascope

Dans les années soixante, le monde qu'avait connu Chaplin disparut. Edna Purviance était morte en 1958 et Mack Sennett en 1960. Son frère Sydney devait disparaître en 1965, Roland Totheroh en 1967, et en 1968 son fils aîné Charles junior, à l'âge de quarante-trois ans.

Comme pour mieux résister au passage du temps, Chaplin annonça en 1965 qu'il travaillait sur un nouveau film, *La Comtesse de Hong Kong* (*A Countess from Hong Kong*). A soixante-seize ans, il osait encore se lancer de nouveaux défis. Pour la première fois de sa carrière, il travailla pour une grande compagnie de distribution, Universal. Pour la première fois aussi, il tourna un film en couleurs et en cinémascope et engagea des vedettes de stature internationale : Marlon Brando et Sophia Loren. Comme dans *L'Opinion publique* quarante ans auparavant, Chaplin fut un simple figurant, un steward de paquebot qui a le mal de mer.

Durant le tournage, à Londres, la tension monta entre le réalisateur et Marlon Brando, qui ne pouvait s'habituer à sa manière de diriger ; en effet, Chaplin avait toujours tenu à ce que ses acteurs imitent sa propre interprétation d'un personnage, aussi bien dans le jeu que dans la diction. De plus, Brando lui reprocha son attitude autoritaire envers son fils Sydney, qui jouait un petit rôle. Tant et si bien qu'à la fin du tournage la communication entre les deux hommes passait par l'intermédiaire du producteur, Jerome Epstein...

Le scénario de *La Comtesse de Hong Kong* reprend celui d'un ancien projet écrit par

En 1967, Chaplin présenta son dernier film : *La Comtesse de Hong Kong*. Bien que très âgé, il n'avait montré nulle trace de fatigue. Il entretint de bonnes relations avec Sophia Loren (à gauche), ce qui ne fut pas le cas avec Marlon Brando.

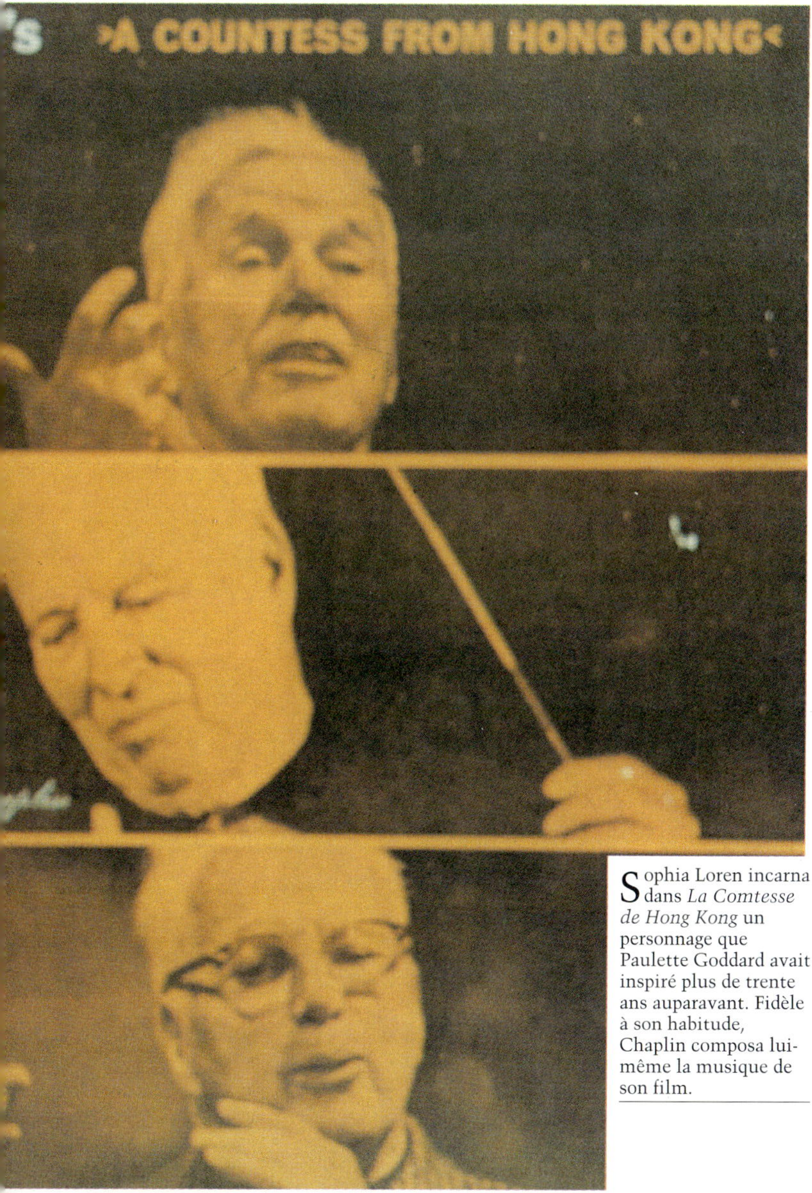

Sophia Loren incarna dans *La Comtesse de Hong Kong* un personnage que Paulette Goddard avait inspiré plus de trente ans auparavant. Fidèle à son habitude, Chaplin composa lui-même la musique de son film.

Chaplin dans les années trente et jamais abouti : *Stowaway* («Passagère clandestine»). L'histoire raconte les aventures d'une aristocrate russe devenue taxi-girl à Hong Kong, qui s'embarque en cachette dans la cabine d'un ambassadeur américain.

Ereinté par la critique

A sa sortie, cette comédie divertissante parut quelque peu archaïque à côté de films comme *Le Lauréat* de Mike Nichols, *Bonnie and Clyde* d'Arthur Penn, *Belle de jour* de Luis Buñuel ou *Week-end* de Jean-Luc Godard. Le 2 janvier 1967, à la première londonienne, la presse se montra impitoyable. Au grand soulagement de Chaplin, la réaction fut plus favorable dans le reste de l'Europe. Mais l'amère déception qu'il ressentit à la lecture des critiques – qui comptent parmi les plus dures de sa carrière – lui fit comprendre qu'il était, de manière irrévocable, entré dans la vieillesse.

Une fois de plus, cela ne l'empêcha pas de se lancer dans un nouveau projet, *The Freak* («Le Monstre»), racontant sur un mode dramatique l'histoire d'une jeune fille qui, un matin à son réveil, s'aperçoit que des ailes lui ont poussé. Chaplin destinait ce rôle à sa troisième fille, Victoria, qui avait hérité de ses talents comiques, disait-il, plus que tout autre de ses enfants. Même quand Victoria quitta le domicile familial pour épouser Jean-Baptiste Thierrée et fonder un cirque avec lui, Chaplin poursuivit l'écriture de son scénario. Dans l'espoir fou de tourner un jour le film.

Les derniers hommages

Au cours des années soixante-dix, Chaplin vieillissait, s'affaiblissait peu à peu, tout en conservant la volonté de travailler jusqu'au bout. Les mélodies de la nouvelle bande sonore de *L'Opinion publique* furent sa dernière œuvre ; alors qu'il était désormais incapable de marcher sans aide, il tint à superviser leur enregistrement en studio.

«[Chaplin] a fait cette chose qui n'est possible qu'au cinéma [...] c'est-à-dire : peindre, modeler, sculpter à même sa propre chair et son visage, une transposition d'art. Charlie est peintre comme Villon fut poète. Il est lui sous la forme qui lui est le plus commode : la photogénie. C'est pourquoi, au point de vue de l'image animée, cet homme est le premier créateur complet, et, en attendant mieux, le seul.»

Louis Delluc, *Charlot*, 1921

Le monde entier sembla rivaliser pour lui rendre hommage en ces dernières années. En 1971, le Festival de Cannes lui décerna un prix spécial pour récompenser l'ensemble de son œuvre, et il fut promu commandeur de la Légion d'honneur. La Biennale de Venise lui remit un Lion d'or. En 1975, la reine Elizabeth II d'Angleterre le fit chevalier : il devint sir Charles Chaplin. L'Amérique fit enfin amende honorable. En avril 1972, Chaplin fut invité à Los Angeles afin de recevoir un Oscar spécial. Ce n'est pas sans réticence qu'il retourna dans ce pays où il avait remporté tant de succès et connu tant de déceptions. Il fut fêté et adulé, à New York comme en Californie.

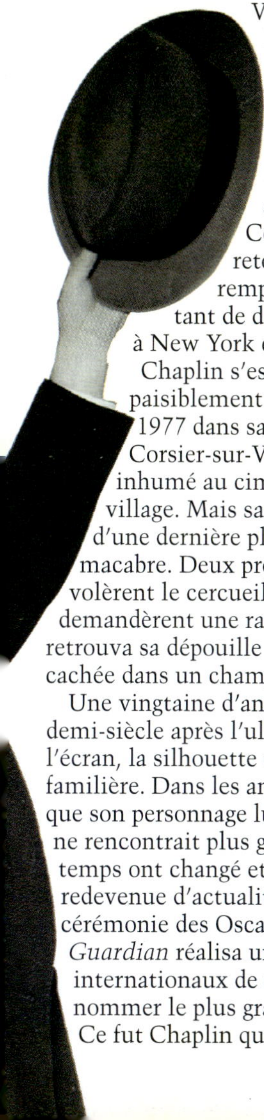

Chaplin s'est éteint paisiblement le 25 décembre 1977 dans sa maison de Corsier-sur-Vevey. Il a été inhumé au cimetière du village. Mais sa mort fut suivie d'une dernière plaisanterie macabre. Deux profanateurs volèrent le cercueil et demandèrent une rançon. On retrouva sa dépouille peu après, cachée dans un champ voisin.

Une vingtaine d'années après sa mort, plus d'un demi-siècle après l'ultime apparition de Charlot à l'écran, la silhouette du vagabond reste toujours familière. Dans les années cinquante, Chaplin déclara que son personnage lui semblait archaïque et que l'on ne rencontrait plus guère de clochards. Mais les temps ont changé et la situation de Charlot est redevenue d'actualité. En 1995, au moment de la cérémonie des Oscars, le journal britannique *The Guardian* réalisa un sondage parmi les critiques internationaux de cinéma, leur demandant de nommer le plus grand acteur de tous les temps. Ce fut Chaplin qui l'emporta.

En 1972, Chaplin reçut un Oscar à Hollywood : «"Je pensais que certains allaient siffler, mais ils ont été si gentils – tous ces gens célèbres, tous ces artistes. Vous savez, ils ne m'ont jamais fait ça auparavant. Cela surpasse tout." […] Il ressemblait de plus en plus à un écolier anglais, grimaçant d'un air espiègle, roulant des yeux innocemment, pointant sur son torse d'une main tachetée et annonçant pour s'amuser : "Le génie…" Soudain, recouvrant son ancienne agilité, il s'envola de sa chaise. Les yeux étincelants, il lança avec une impatience moqueuse : "Allons et que la fête commence, pour l'amour de Dieu." Et fredonnant joyeusement sa chanson *Smile !* ("Souriez !"), il prit Oona par le bras et fit une sortie pleine de panache» (*Life*, 21 avril 1972).

TÉMOIGNAGES ET DOCUMENTS

« Le film fait naître l'émotion par l'intermédiaire de l'œil.
Il suscite cette émotion d'une manière directe.
De tous les moyens d'expression artistiques
il me semble le plus direct.
Il traduit, expose et suggère des émotions
qui dégagent une impression de beauté. »
Charlie Chaplin, « L'art et les spectateurs »,
Cinéa-Ciné, 15 décembre 1924

La profession de foi d'un comique

« Comment faire rire le public ? » et « Pantomime et comédie » sont deux articles dans lesquels Chaplin révèle les secrets de son art et s'explique sur ses méthodes de travail : comment trouver des gags, comment rendre Charlot sympathique, comment faire ressentir les émotions de son personnage. Et pourquoi utiliser des dialogues puisque la pantomime, langage universel, est bien plus efficace ?

Charlot roi (*His Prehistoric Past*), 1914.

Les secrets du rire

Dans ce texte écrit en 1918, Chaplin s'explique sur ses techniques burlesques : exploiter le ridicule, observer des scènes de la vie quotidienne, provoquer sans cesse contrastes et surprises.

Partout où je rencontre des gens qui me demandent de leur expliquer le secret de « faire rire mon monde », je me trouve toujours mal à mon aise, et cherche généralement à me dérober. Il n'y a pas plus de mystère dans mon comique sur l'écran qu'il n'y en a dans celui d'Harry Lauder pour faire rire son public. Il se trouve que tous les deux nous savons quelques vérités simples sur le caractère de l'homme et dont nous nous servons dans notre métier. Et, quand tout est dit et fait, au fond de tout succès il n'y a qu'une connaissance de la nature humaine, qu'on soit marchand, hôtelier, éditeur ou acteur. Le fait sur lequel je m'appuie plus que sur tout autre, par exemple, est celui qui consiste à mettre le public en face de quelqu'un qui se trouve dans une situation ridicule et embarrassante.

Le seul fait d'un chapeau qui s'envole n'est pas risible. Ce qui l'est, c'est de voir son propriétaire courir après, ses cheveux au vent, et les basques de son habit flottant. Quand un homme se promène dans la rue, cela ne prête pas à rire. Placé dans une situation ridicule et embarrassante, l'être humain devient un motif de rire pour ses congénères. Toute situation comique est basée là-dessus. Les films comiques ont eu un succès immédiat parce que la plupart représentaient des agents de police tombant dans les trous d'égout, trébuchant dans des seaux de plâtriers, tombant d'un wagon et soumis à toutes sortes de tracas. Voilà des gens représentant la dignité du pouvoir, souvent très imbus de cette idée, qu'on ridiculise et dont on se moque, et la vue de leurs aventures touche deux fois plus l'envie de rire du public que s'il ne s'était agi que de simples citoyens subissant les mêmes avatars. Encore plus drôle est la personne ridiculisée qui, malgré cela, se refuse à admettre qu'il lui arrive quelque chose d'extraordinaire et s'entête à garder sa dignité. Le meilleur exemple est fourni par l'homme ivre qui, dénoncé par son langage et sa démarche, veut nous convaincre très dignement qu'il est à jeun. Il est beaucoup plus drôle que l'homme franchement joyeux qui montre carrément son ivresse et se moque qu'on s'en aperçoive. L'ivrognerie sur la scène est généralement légère avec une tentative de dignité, car les metteurs en scène ont appris que cette prétention est drôle.

C'est pourquoi tous mes films reposent sur l'idée de m'occasionner des embarras pour me fournir l'occasion d'être désespérément sérieux dans ma tentative, de paraître un très normal petit gentleman. C'est pourquoi, en si fâcheuse posture que je me trouve, ma grande préoccupation est toujours de ramasser de suite ma canne, de redresser mon chapeau melon et d'ajuster ma cravate, même si je viens de tomber sur le crâne. Je suis si sûr sur ce point que je ne cherche pas seulement à me mettre moi-même dans des situations embarrassantes, mais je tiens aussi à y placer les autres.

Lorsque j'agis ainsi, je m'efforce toujours d'économiser mes moyens. Je veux dire par là que lorsqu'un seul événement peut provoquer à lui seul deux éclats de rire séparés, il vaut bien mieux que deux faits séparés. Dans *The Adventurer* (*Charlot s'évade*) j'y réussis en me plaçant sur un balcon où je mange une glace avec une jeune fille. A l'étage au-dessous, je place une dame forte, respectable et bien habillée, à une table. Alors, en mangeant ma glace, je laisse tomber une cuillerée qui glisse à travers mon pantalon et, du balcon, vient tomber dans le cou de la dame. Le premier rire est engendré par mon propre embarras ; le second, et de beaucoup le plus grand, résulte de l'arrivée de la glace sur le cou de la dame qui hurle et se met à sauter. Un seul fait a servi, mais il a mis dans l'embarras deux personnes et a déclenché deux éclats de rire.

Si simple que ceci semble, il y a deux éléments de la nature humaine qui sont visés par lui : l'un est le plaisir pris par le public à voir la richesse et le luxe en peine ; l'autre est la tendance du public à ressentir les mêmes émotions que l'acteur sur la scène ou sur l'écran. L'une des choses les plus vite apprises au théâtre est que le peuple en général est satisfait de voir les gens riches avoir la plus mauvaise part. Ceci provient de ce que les neuf dixièmes des humains sont pauvres et intérieurement jalousent la richesse de l'autre dixième. Si au contraire j'avais fait tomber la glace dans le cou d'une pauvre femme de ménage, au lieu de rire c'eût été de la sympathie qui fût née pour la femme. De même, une femme de ménage n'ayant aucune dignité à perdre, ce fait n'eût pas été drôle. Laisser tomber de la glace dans le cou d'une riche, c'est, dans l'esprit du public, lui faire arriver juste ce qu'elle mérite. En disant que l'être humain ressent les mêmes émotions que celles dont il est témoin, je veux dire, en reprenant l'exemple de la glace, que lorsque la dame riche frissonne, le public frissonne avec elle. La chose qui embarrasse un acteur doit être familière au public, autrement celui-ci n'en saisira pas la portée. Sachant que la glace est froide, le public frissonne. Si l'on se sert de quelque chose que le public ne reconnaît pas de suite, celui-ci ne se rend pas bien compte. C'est là-dessus qu'est basé le lancement des tartes à la crème dans les films du début. Chacun sait combien ces tartes s'écrasent facilement et, par suite, pouvait apprécier les sensations de l'acteur qui en recevait une.

Beaucoup de gens m'ont demandé où j'ai pris l'idée du genre que j'ai. Eh bien, tout ce que je puis dire, c'est que c'est la synthèse de beaucoup d'Anglais que j'ai vus à Londres pendant que j'y habitais. Quand la Keystone Film Company, pour laquelle j'ai tourné mes premiers films, m'a demandé de quitter « Une nuit dans un music-hall anglais » de Karno – pantomime où je jouais – j'hésitais, principalement parce que je ne savais pas quel genre comique je pourrais prendre. Mais, au bout d'un certain temps, je réfléchis à tous les petits Anglais que j'avais vus avec de petites moustaches noires, des vêtements collants et leur canne de bambou, et je me décidai à les prendre comme modèle. L'idée de la canne est peut-être ma trouvaille la plus heureuse. Car la canne est ce qui m'a fait le plus rapidement connaître et, d'autre part, j'en ai développé l'usage jusqu'à lui donner un caractère comique à elle seule. Souvent je la trouve accrochée à la jambe de quelqu'un, ou l'attrapant par l'épaule et obtenant ainsi un rire du public sans presque me rendre compte moi-même du geste. Je ne pense pas avoir complètement senti au début combien on peut dire, chez des millions d'individus, qu'une canne étiquette un homme comme un « dandy » ; aussi lorsque j'arrive en me dandinant sur une scène avec la petite canne et mon air sérieux, je donne l'impression d'une tentative de dignité, ce qui est exactement mon but. Quand je fis mon premier film à la Compagnie Keystone j'avais vingt et un ans (j'en ai vingt-neuf maintenant) ; on peut se demander ce que je connaissais de l'homme à cet âge. Eh bien, il faut se rappeler que je jouais devant le public depuis l'âge de quatorze ans. Cela semble un peu bizarre que mon premier engagement d'importance fût avec William Gillette, un acteur américain, dans « Sherlock Holmes », une pièce américaine.

C'est vrai, pendant quatorze mois j'ai joué le rôle de Billy, le garçon de bureau, dans les représentations de « Sherlock Holmes » à Londres. A la fin de cet engagement, je jouai au vaudeville. Je chantai et dansai pendant quelques années, y renonçant pour m'engager à la troupe de pantomime de Karno. La pantomime est très appréciée en Angleterre et, ayant moi-même un penchant pour cet art, j'étais très heureux de pouvoir m'y adonner…

Sans ma mère, cependant, je me demande si j'aurais réussi dans ma pantomime. C'est la mime la plus prodigieuse que j'ai vue. Elle restait à la fenêtre pendant des heures, regardant la rue et reproduisant avec ses mains, ses yeux et l'expression de sa physionomie, tout ce qui se passait en bas, et cela ne s'arrêtait jamais. Et c'est en la regardant et en l'observant que j'ai non seulement appris à traduire les émotions avec mes mains et ma figure, mais aussi à étudier l'homme. […] Cette façon d'observer les gens était la chose la plus précieuse que ma mère pouvait m'apprendre, car c'est de la sorte que j'ai connu ce qui paraît drôle aux gens. C'est pourquoi lorsque je regarde un de mes propres films lorsqu'il est présenté au public, je garde un œil sur le film, l'autre et les deux oreilles sur le public. Je remarque ce qui fait rire le public et ce qui ne le fait pas rire. Si par exemple, à plusieurs représentations le public ne rit pas à un jeu de scène que

Charlot pompier (The Fireman), 1916.

j'ai voulu drôle, je m'efforce de suite de découvrir ce qui était faux dans son idée ou dans son exécution ou encore dans la photographie que l'on a prise. Très souvent je m'aperçois d'un léger rire pour un geste que je n'ai pas étudié; de suite alors j'ouvre les oreilles et je cherche pourquoi cette chose particulière a porté à rire. En quelque sorte, lorsque je vais voir un de mes films, je suis un peu comme le marchand qui va observer ce que sa clientèle porte, achète ou fait.

De même que j'observe le public dans un théâtre pour voir ce qui le fait rire, de même je l'observe pour trouver des idées de scènes comiques. Un jour, je passai devant une caserne de pompiers au moment où l'on donnait le signal du feu. Je vis les pompiers glisser le long du mât, enjambant la pompe et se précipitant vers le feu. Aussitôt toute une série de possibilités comiques m'apparut. Je me vis couché, ignorant l'alarme. Ce point serait compris de tous, car chacun aime à dormir. Je me vis glissant le long du mât, faisant des blagues aux chevaux des pompiers, sauvant l'héroïne, tombant de la pompe à un tournant de rue, et beaucoup d'autres choses du même genre. Je les ai emmagasinées dans mon esprit, et plus tard, quand je fis *The Fireman* (*Charlot pompier*), je me suis servi de tout cela. Cependant si, ce jour-là, je n'avais pas observé la caserne, toutes ces possibilités ne me seraient pas venues ensuite.

Une autre fois, je montais et descendais un escalier roulant dans un grand magasin et je me demandais comment je pourrais utiliser cela dans un film. Finalement, je l'ai pris comme base pour *The Floorwalker* (*Charlot chef de rayon*).

En regardant un match de boxe, j'ai eu l'idée de *The Champion* (*Charlot boxeur*) où moi, petit homme, j'ai mis knock-out un grand diable grâce à un fer à cheval caché dans mon gant. Dans un autre film, je me servis d'une agence de placement comme sujet principal. Bref, j'ai toujours tiré parti de la vie de tous les jours, soit pour les personnages, soit pour les choses comiques. Un jour, j'étais au restaurant et je remarquai soudain qu'un homme, à quelques mètres de moi, se mettait à sourire et à faire des saluts, en apparence à moi. M'imaginant qu'il cherchait à être amical, j'en fis autant, alors que j'avais mal interprété ses intentions. Une minute après il souriait de nouveau. Je le saluai, mais il se renfrogna encore. Je ne comprenais plus pourquoi tour à tour il souriait ou fronçait les sourcils. Il a fallu que je me détourne pour voir qu'il flirtait avec une jolie fille qui se trouvait derrière moi. Mon erreur me fit rire et pourtant elle était excusable; aussi, quand, quelques mois plus tard, l'occasion se présenta d'employer ce jeu de scène pour *The Cure* (*Charlot fait une cure*), je me servis de cet incident.

Un autre point d'humanité que j'emploie souvent est la tendance du public à aimer les contrastes et les surprises dans ces distractions. C'est une affaire bien connue que le public aime la lutte entre le bien et le mal, le riche et le pauvre, le veinard et le malchanceux, qu'il aime à rire et à pleurer, tout cela en quelques minutes. Pour le public, le contraste engendre l'intérêt et c'est pourquoi je m'en sers continuellement. Si je suis poursuivi par un agent, je rends toujours le policier lourd et maladroit, alors que moi, en me faufilant entre ses jambes, j'apparais léger et acrobate. Si je suis malmené, c'est toujours par un homme colossal, de façon que, par le contraste de ma petitesse, j'obtienne la sympathie du public et toujours j'essaie de faire contraster le sérieux de mes manières avec le ridicule de l'incident.

C'est évidemment une chance que je sois petit et puisse ainsi faire ces contrastes sans peine. Tout le monde sait que le petit individu persécuté a toujours la sympathie de la foule. Sachant ce penchant pour le faible, je m'arrange pour accentuer ma faiblesse en joignant les épaules, en faisant une moue pitoyable et en prenant l'air apeuré. Tout cela, naturellement, est l'art de la pantomime ; mais si j'étais un peu plus grand, j'aurais plus de mal à être sympathique. J'aurais alors été capable de me préserver moi-même. Mais tel que je suis, le public, même lorsqu'il rit de mon apparence, éprouve de la sympathie pour moi.

Malgré cela, il faut avoir soin que le contraste ressorte bien. A la fin de *A Dog's Life* (*Une vie de chien*), je suis fermier. C'est pourquoi j'ai pensé qu'il pouvait être drôle de me trouver dans un champ, prendre une graine dans ma poche et de la planter en faisant un petit trou avec mon doigt. Aussi je chargeai un de mes collaborateurs de choisir une ferme où la scène puisse se passer. Il en trouva une, mais je ne m'en suis pas servi pour la simple raison qu'elle était trop petite et ne serait pas parvenue à rendre le contraste par rapport à mon absurde façon de planter une seule graine à la fois. Cela pouvait être assez drôle par rapport à une petite ferme, mais appliqué à une grande de vingt-cinq hectares, le jeu de scène obtint un énorme rire par le seul contraste entre ma méthode de planter et la grandeur de la ferme.

L'*Emigrant*, 1917.

Sur le même pied que le contraste, je mets la surprise. Je ne cherche pas complètement la surprise dans la composition générale de mon film, mais aussi je m'efforce d'effectuer mes gestes personnels de façon à ce qu'eux-mêmes surviennent comme une surprise.
J'essaye toujours de créer de l'inattendu d'une façon nouvelle ; si j'ai la conviction que le public s'attend à ce que je longe la rue à pied, dans un film, subitement je saute dans une voiture. Si je veux attirer l'attention de quelqu'un, au lieu de lui frapper sur l'épaule avec ma main ou de l'appeler, je passe ma canne sous son bras et je l'attire gentiment à moi. Me représenter ce qu'attend le public et alors faire juste autrement est un pur plaisir pour moi. Dans un de mes films, *The Immigrant* (*L'Emigrant*), le lever du rideau me montre très penché en dehors du navire ; on ne voit que mon dos et le mouvement convulsif de mes épaules fait paraître que j'ai le mal de mer.
Si je l'avais eu, c'eût été une grosse faute que de le montrer dans un film.
Ce que je faisais, en réalité, c'était tromper délibérément le public, car, quand je me redresse je retire un poisson au bout de ma ligne et le public s'aperçoit qu'au lieu d'avoir le mal de mer j'ai simplement passé mon temps à pêcher. C'est une surprise parfaite qui amène un gros rire.

Il y a généralement un autre danger : c'est de vouloir être trop drôle. Il y a des pièces et des films où l'assistance rit tant et de si bon cœur qu'elle s'y épuise complètement. Faire mourir de rire une salle est une ambition de beaucoup d'acteurs, mais je préfère éparpiller le rire. Ce qui est beaucoup mieux qu'un jet continu d'amusement, c'est deux ou trois francs éclats de rire plutôt que l'explosion d'une salle pendant plusieurs minutes.

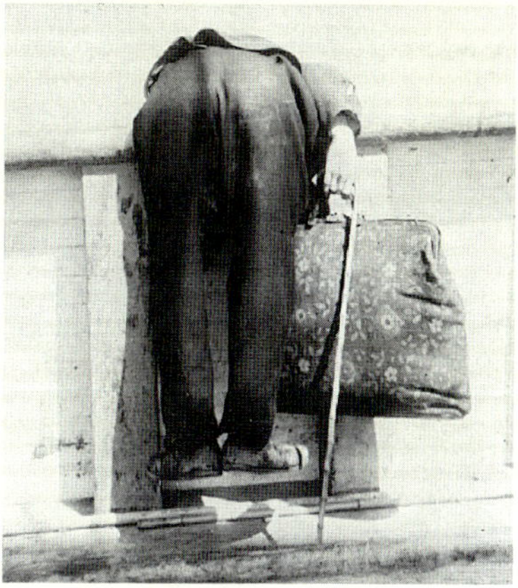

L'*Emigrant (The Immigrant)*, 1917.

On me demande souvent si toutes mes conceptions se réalisent et s'il est facile de faire un film drôle. Je souhaite parfois qu'on puisse suivre toute la marche d'un film depuis son idée jusqu'au moment de distribuer les rôles, effectuer les prises de vues, les monter et en tirer parti. Je suis souvent effrayé du total considérable de pellicule qu'il me faut pour obtenir une seule réalisation. J'ai bien tourné 60 000 pieds de films pour obtenir les 2 000 vus par le public. Il faudrait environ vingt heures pour projeter sur l'écran les 60 000 pieds. Et toute cette pellicule doit être impressionnée pour arriver à vingt minutes de projection. […]

Dans mon travail, je n'ai confiance que dans ma propre appréciation. Quelquefois ceux qui se trouvaient autour de la scène se délectaient de certaines scènes pendant qu'on les prenait, et pourtant je les ai rejetées parce qu'elles ne me semblaient pas assez drôles. Ce n'est pas parce que je me crois beaucoup plus fin que ceux qui m'entourent : c'est simplement parce que je suis le seul à recueillir tout le blâme ou tout le bénéfice du film. Je ne peux pas mettre en garde au début du film et dire : « Public, je ne te blâme pas de ne pas rire. Je n'ai pas trouvé cela drôle moi-même. Mais ceux qui m'entouraient n'ont pas été de cet avis et je me suis rangé à leur opinion. »

Il y a un autre point qui me rend difficile quant aux appréciations de ceux qui m'entourent. Mon chef-opérateur et ses assistants sont tellement habitués à mon jeu qu'ils n'en rient pas beaucoup. Si pourtant je viens à faire une faute, alors ils rient de moi et, ne me rendant peut-être pas compte de ma faute, je peux croire que la scène est drôle. Je ne suis arrivé à m'en apercevoir qu'après avoir demandé un jour à ceux qui riaient d'un bout de scène que je ne trouvais pas du tout drôle, pourquoi ils riaient. Ils me dirent que c'était parce que je m'étais trompé, et je vis alors comme j'aurais pu être induit en erreur. Aussi, maintenant, suis-je heureux qu'ils ne rient que rarement de mon jeu.

L'une des choses dont je me méfie le plus est de ne pas exagérer ou d'appuyer trop un point particulier. Je pourrais plus facilement tuer le rire par l'exagération que par tout autre moyen. Si j'accentuais trop ma démarche personnelle, si j'étais trop brutal en renversant quelqu'un, si j'arrivais à un excès quelconque, cela ne vaudrait rien pour le film.

Se restreindre est une chose très importante, non seulement pour un acteur, mais pour n'importe qui. Se restreindre le tempérament, les appétits, les mauvaises habitudes ou toutes autres choses est une nécessité. L'une des raisons qui me font peu aimer les premiers films que j'ai tournés, c'est qu'il était peu facile de s'y restreindre. Une ou deux tartes à la crème sont amusantes, peut-être, mais quand le rire ne dépend plus que des tartes à la crème, le film devient vite monotone. Je ne réussis peut-être pas toujours grâce à ma méthode, mais j'aime mille fois mieux obtenir le rire par un acte intelligent que par des brutalités ou des banalités. [...]

« De quoi rit le public ? »,
American Magazine, novembre 1918

Apologie du cinéma muet

En 1931, avec Les Lumières de la ville, *Chaplin s'est refusé à produire un film parlant. La pantomime est un langage universel. Nul besoin de dialogues.*

Ce n'est pas parce que le cinéma muet ou sans dialogue a été temporairement délaissé au profit de l'introduction hystérique de la parole, que cela signifie un seul instant qu'il a disparu ou que le cinéma en a vu la fin. *City Lights* (*Les Lumières de la ville*) en est la preuve évidente. [...]

Pourquoi ai-je persévéré dans le cinéma muet ? C'est d'abord qu'il s'agit là d'un moyen d'expression universel. Le cinéma parlant a nécessairement un champ limité par la langue de chacun. Je suis bien certain que l'avenir verra un regain d'intérêt pour les productions sans paroles parce qu'il y a une demande incessante pour un moyen d'expression d'usage universel. Ceci est un axiome : le vrai drame doit être d'un intérêt universel – il vaudrait peut-être mieux utiliser le mot fondamental – et à mon avis le moyen de le présenter devrait lui aussi être universel plutôt que restreint.

Entendons-nous : je considère que le cinéma parlant a été une précieuse addition à l'expression dramatique en dépit de ses limites, mais je le considère comme une addition et non comme un substitut. Il ne peut certainement pas remplacer le cinéma qui a fait progresser

Les Lumières de la ville (City Lights), 1931.

de façon si remarquable l'art de la pantomime au cours de vingt années d'histoires racontées. Après tout, la pantomime a toujours été le moyen de communication universel. Elle existait comme telle longtemps avant la naissance du langage. [...]

On comprend d'une manière générale mieux l'action que la parole. Le seul fait de hausser un sourcil, si peu que ce soit, peut exprimer plus de choses que cent mots. Comme les idéogrammes chinois, cette expression a des sens différents selon les connotations de la scène. Ecoutez la description de quelque chose de peu familier – un phacochère africain par exemple – puis décrivez-le ; observez l'image de l'animal et voyez comme votre surprise est différente.

On dit souvent que les enfants ne vont plus au cinéma ; il est indubitable que des centaines de milliers d'amateurs de cinéma en herbe, de spectateurs potentiels, de jeunes bambins qui avaient déjà frémi devant un écran, ont cessé d'aller au cinéma parce qu'ils ne peuvent pas suivre facilement le dialogue des films parlants. D'un autre côté, ils suivent l'action sans problème. Et cela parce que l'œil est mieux entraîné que l'oreille. Il n'y a rien dans *City Lights* qu'un enfant ne puisse suivre et comprendre sans peine.

Je suis un acteur comique et je sais que la pantomime est plus importante dans le comique que dans le drame pur. Il est même possible qu'elle ait plus d'efficacité dans la farce que dans la comédie. La différence entre elles deux est que la première implique qu'on fasse rire sans action logique – au contraire, même – et la seconde atteint ce but comme l'aboutissement d'un enchaînement cohérent. La comédie muette est une distraction plus satisfaisante pour le grand public que la comédie parlante, parce que le comique dépend surtout de la rapidité de l'action, et un événement peut se produire et nous en rire en moins de temps qu'il n'en faut pour le raconter en paroles. La pantomime est bien entendu inappréciable également dans le drame, parce qu'elle permet d'effectuer le passage graduel de la farce au pathétique ou de la comédie à la tragédie avec beaucoup plus de souplesse et moins d'effort que le discours.

Je fonde ce jugement sur des observations récentes ; l'arrivée soudaine du dialogue au cinéma fait oublier à beaucoup de nos acteurs les rudiments de l'art dramatique. La pantomime, je l'ai toujours pensé et je le pense encore aujourd'hui, est le premier savoir que doit posséder un acteur pour réussir au cinéma. Un acteur vraiment compétent doit y être sérieusement entraîné. Pensez au Irving, Coquelin, Bernhardt, Duse, Mansfield et Booth : à la source de leur art, c'est la pantomime que vous trouverez. [...]

«Pantomime et comédie»,
The New York Times, 25 janvier 1931

Voici l'histoire de ma vie

C'est entre 1959 et 1964 que Charlie Chaplin se décide à écrire son autobiographie. A soixante-quinze ans, il se replonge dans ses souvenirs et évoque toutes les étapes d'une longue carrière. De la première apparition du vagabond et du succès foudroyant qu'il rencontra aussitôt, jusqu'au bonheur des dernières années : extraits d'une existence bien remplie.

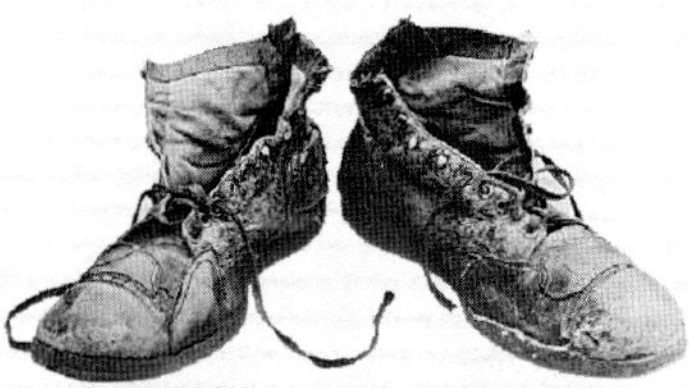

Dans la peau du personnage

En janvier 1914, Chaplin travaille depuis quelques mois aux studios Keystone. Mack Sennett cherche des idées de gags et somme l'acteur de se faire un nouveau maquillage. Chaplin invente Charlot.

J'étais en tenue de ville et, comme je n'avais rien à faire, je me plantai à un endroit où Sennett pourrait me voir. Il était avec Mabel à regarder un décor représentant le hall d'un hôtel et mordillait un cigare.

– Il nous faut quelques gags ici, dit-il, puis il se tourna vers moi. Va te faire un maquillage comique. N'importe quoi. Je ne savais absolument pas comment je devais me maquiller. Ma tenue de reporter ne me plaisait pas. Mais, sur le chemin du vestiaire, je me dis que j'allais mettre un pantalon trop large, de grandes chaussures et agrémenter le tout d'une canne et d'un melon. Je voulais que tout fût en contradiction : le pantalon exagérément large, l'habit étroit, le chapeau trop petit et les chaussures énormes. Je me demandais si je devais avoir l'air jeune ou vieux, mais, me souvenant que Sennett m'avait cru plus âgé, je m'ajoutai une petite moustache qui, me semblait-il, me donnerait quelques années de plus sans dissimuler mon expression.

Je n'avais aucune idée du personnage que j'allais jouer. Mais dès l'instant où je fus habillé, les vêtements et le maquillage me firent sentir ce qu'il était. Je commençai à le découvrir et lorsque j'arrivai sur le plateau, il était créé de toutes pièces. Quand je me présentai devant Sennett, j'étais dans la peau du personnage, j'avançais d'un pas avantageux en faisant des moulinets avec ma canne. Des gags, des idées comiques se pressaient dans ma tête.

Le secret de la réussite de Mack Sennett, c'était son enthousiasme. Il était un merveilleux public, et il riait de bon cœur devant ce qu'il trouvait drôle. Il se tordit littéralement de rire. Cela m'encouragea et j'entrepris d'expliquer le personnage :

– Vous comprenez, ce personnage a plusieurs facettes ; c'est en même temps un vagabond, un gentleman, un poète, un rêveur, un type esseulé, toujours épris de romanesque et d'aventure. Il voudrait vous faire croire qu'il est un savant, un musicien, un duc, un joueur de polo. Mais il ne dédaigne pas ramasser des mégots ni chiper son sucre d'orge à un bébé. Et, bien sûr, si l'occasion s'en présente, il flanquera volontiers un coup de pied dans le derrière d'une dame… mais uniquement s'il est furieux !

Je continuai ainsi pendant une dizaine de minutes, et Sennett n'arrêtait pas de rire.

– Bon, fit-il, viens sur le plateau et voyons un peu de quoi tu es capable. […]

Dans toute comédie, l'attitude à prendre est extrêmement importante mais il n'est pas toujours facile d'en trouver une. Cependant, dans ce hall d'hôtel, j'avais l'impression d'être un imposteur qui se faisait passer pour un client, alors qu'en réalité j'étais un vagabond qui cherchait seulement à se mettre à l'abri. J'entrai et je trébuchai sur le pied d'une dame. Je me retournai et soulevai mon chapeau pour m'excuser, puis je repartis, trébuchai sur un crachoir ; je me retournai une fois de plus en soulevant mon chapeau devant le crachoir. Derrière la caméra, ils commençaient à rire.

Un petit attroupement s'était formé, comprenant non seulement les comédiens des autres troupes qui avaient quitté leur plateau pour nous regarder, mais aussi les machinistes, les menuisiers et les accessoiristes. C'était très flatteur. Et quand nous eûmes fini de répéter, nous avions un vaste public qui riait de tout son cœur. Je ne tardai pas à voir Ford Sterling qui regardait par-dessus les épaules des autres. Lorsque ce fut terminé, je savais que je m'en étais bien tiré.

Charlie et Sydney Chaplin sur le tournage de *L'Emigrant (The Immigrant)*, 1917.

Charlot au drugstore

Engagé par la compagnie Essanay en 1915, Chaplin connaît un succès immédiat. L'image du vagabond apparaît partout, sur des bougies ou des tubes de dentifrice…

Ma popularité, disait-on, ne faisait que croître à chaque comédie. J'avais beau connaître l'étendue de mon succès à Los Angeles d'après les files qui s'allongeaient devant la caisse des salles de cinéma, je ne me rendais pas compte de son ampleur ailleurs. À New York, dans tous les grands magasins, dans tous les drugstores, on vendait des jouets et de petites statuettes de mon personnage. Les girls des Ziegfeld Follies faisaient des numéros à la Chaplin, déparant leur beauté à grand renfort de moustaches, de chapeaux melons, de souliers trop grands et de pantalons trop larges, en chantant une chanson ayant pour titre *Those Charlie Chaplin's Feet* (*Ah! ces Pieds de Charlie Chaplin*).

Nous étions également inondés de toute sorte de propositions commerciales concernant des livres, des vêtements, des bougies, des jouets, des cigarettes et de la pâte dentifrice. Les piles de courrier adressé par les «fans» s'amoncelaient aussi et finissaient par poser un problème.

Montage rapide et fondus enchaînés

Quelques principes de mise en scène : pas de sophistication ni d'effets faciles, mais aller à l'essentiel, gagner du temps et suivre les mouvements de l'acteur.

J'ai horreur des effets bizarres, comme, par exemple, filmer à travers un feu dans la cheminée du point de vue d'un morceau de charbon, ou bien suivre un acteur dans le hall d'un hôtel comme si on l'escortait à bicyclette ; pour moi, ce sont des effets faciles et cousus de fil blanc. Dès l'instant que le public connaît le décor, il veut se voir épargner l'ennui d'une tache qui bouge à travers l'écran pour voir un acteur se déplacer d'un endroit à un autre. Des effets aussi pompeux ralentissent l'action, sont ennuyeux et déplaisants, et on les a pris à tort pour ce mot fatigant d'«art».

La disposition de caméra que j'utilise est destinée à faciliter la chorégraphie dans les mouvements de l'acteur. Quand une caméra est placée sur le sol ou quand elle tourne autour des narines du comédien, c'est la caméra qui joue et non pas l'acteur. La caméra ne doit pas s'imposer.

Gagner du temps au cinéma, c'est la vertu essentielle. Eisenstein et Griffith le savaient bien. Un montage rapide et des fondus enchaînés d'une scène à l'autre constituent la dynamique de la technique cinématographique.

[…] Pour diriger des acteurs dans une scène, la psychologie est un précieux atout. Par exemple, il peut arriver qu'un comédien s'adjoigne à la troupe au milieu du tournage d'un film. Il a beau être un excellent acteur, il peut être nerveux dans ce nouvel entourage. C'est là où l'humilité d'un metteur en scène peut être très utile, comme je l'ai souvent observé dans ces circonstances. Bien que sachant parfaitement ce que je voulais, je prenais à part le comédien nouveau venu, je lui confiais que j'étais las, inquiet et que je ne savais pas trop que faire pour cette scène. Il ne tardait pas à oublier sa propre nervosité pour essayer de m'aider, et il jouait à merveille son rôle.

Un homme comblé

Chaplin achève son autobiographie par ces lignes. Un bilan sur une vie passionnante et sur le bonheur que lui a donné sa famille. Il lui reste encore quelques rêves : une pièce et un opéra…

Il me faut donc maintenant mettre un terme à cette odyssée que j'ai vécue. Je me rends compte que le temps et les circonstances m'ont favorisé. J'ai eu droit à l'affection, à l'amour et aussi à la haine du monde. Oui, le monde m'a prodigué ce qu'il a de mieux et m'a presque entièrement épargné ce qu'il a de pire. Malgré toutes mes vicissitudes, je crois que la fortune et l'infortune s'abattent sur vous au hasard, comme des nuages d'averse. Sachant cela, je ne suis jamais trop bouleversé par ce qui m'arrive d'ennuyeux, et je suis agréablement surpris de ce qui m'arrive de bien. Je n'ai pas d'art de vivre, pas de philosophie : sage ou fou, il nous faut tous lutter avec la vie. Je chancelle sous les contradictions : parfois de petits détails m'agacent et des catastrophes me laissent indifférent.

Ma vie est pourtant plus passionnante que jamais. Je suis en bonne santé, mon esprit créateur fonctionne toujours et j'ai des projets de films peut-être pas pour moi, mais je les écrirai et je les mettrai en scène pour des membres de ma famille, dont certains sont très doués pour la comédie. Je suis toujours très ambitieux ; je ne pourrai jamais prendre ma retraite.

Il y a beaucoup de choses que je tiens à faire ; outre un certain nombre de scénarios inachevés, j'aimerais écrire une pièce et un opéra… si le temps me le permet.

Schopenhauer a dit que le bonheur est un état négatif, mais je ne suis pas d'accord. Depuis ces vingt dernières années, je sais ce que signifie le bonheur. J'ai la bonne fortune d'être le mari d'une femme merveilleuse. Je voudrais pouvoir en écrire plus long là-dessus, mais c'est d'amour qu'il s'agit, et l'amour parfait est ce qu'il y a de plus magnifique au monde, mais de plus décevant aussi, car c'est plus qu'on ne peut exprimer. En vivant avec Oona, je découvre sans cesse les beautés profondes de son caractère. Même lorsqu'elle marche devant moi sur les trottoirs étroits de Vevey avec une simple dignité, sa petite silhouette bien droite, ses cheveux noirs bien tirés en arrière et révélant quelques fils d'argent, une vague d'amour et d'admiration déferle soudain sur moi quand je songe à tout ce qu'elle est, et j'ai la gorge serrée.

Au milieu d'un tel bonheur, je m'assieds parfois sur notre terrasse au coucher du soleil et je contemple la vaste étendue de pelouse verte et le lac au loin, et par-delà le lac la présence rassurante des montagnes, et je reste là, sans penser à rien, à savourer leur magnifique sérénité.

Histoire de ma vie, 1964,
Robert Laffont

La famille Chaplin. De gauche à droite : Geraldine, Eugene, Victoria, Charlie et Oona, Annette, Josephine, Michael (il manque Jane ; et Christopher n'est pas né).

Un « brillant écrivain humoristique » mis à mort

Rythme *est une nouvelle écrite par Chaplin en 1938, à la veille de la Seconde Guerre mondiale, racontant l'histoire d'un condamné à mort attendant son exécution dans une cour de prison. Où l'on voit l'écrivain-cinéaste préoccupé de justice – et d'injustice. Un an plus tard, il entame le tournage du* Dictateur, *un appel à tous les hommes de bonne volonté.*

Le Dictateur (*The Great Dictator*), 1940.

Seule l'aube se mouvait dans la quiétude de cette petite cour de prison espagnole – aube annonciatrice de mort – tandis que le jeune loyaliste se dressait face à un peloton d'exécution. Les préliminaires étaient terminés. Le petit groupe des autorités s'était rangé sur le côté pour assister à l'exécution et, maintenant, la scène se figeait dans un silence pénible.

Du premier au dernier, les rebelles avaient gardé l'espoir que l'état-major enverrait l'ordre de surseoir à l'exécution. Le condamné était un adversaire à leur cause mais il avait été populaire en Espagne. C'était un brillant écrivain humoristique qui, dans une large mesure, avait su réjouir ses compatriotes.

L'officier qui commandait le peloton d'exécution le connaissait personnellement. C'étaient des amis, avant la guerre civile. Ils avaient obtenu ensemble leurs diplômes à l'Université de Madrid. Ils avaient lutté ensemble pour le renversement de la Monarchie et du pouvoir de l'Eglise. Ensemble, ils avaient trinqué, passé des nuits devant des tables de cafés, ri, plaisanté et consacré des soirées entières à des discussions d'ordre métaphysique. De temps à autre, ils s'étaient querellés à propos des divers modes de gouvernement. Leurs divergences de vue, alors, étaient amicales mais elles avaient finalement provoqué le malheur et le bouleversement de toute l'Espagne. Elles avaient amené son ami devant un peloton d'exécution.

Mais à quoi bon évoquer le passé ? A quoi bon raisonner ? Depuis la guerre civile, à quoi servait le raisonnement ? Dans le silence de la cour de prison, toutes ces questions se pressaient, fiévreuses, dans l'esprit de l'officier.

Non. Il faut faire table rase du passé. C'est l'avenir seul qui compte. L'avenir ? Un monde qui le priverait de beaucoup d'anciens amis.

C'était la première fois, ce matin-là, qu'ils se retrouvaient depuis la guerre. Ils n'avaient rien dit. Ils avaient seulement échangé un sourire tandis qu'ils se préparaient à entrer dans la cour de la prison.

L'aube tragique dessinait des raies argentées et rouges sur le mur de la prison et tout respirait la quiétude, le repos dont le rythme s'unissait au calme de la cour, un rythme aux battements silencieux comme ceux d'un cœur. Dans ce silence, la voix de l'officier commandant le peloton résonna contre les murs de la prison. « Garde à vous ! »

A ce commandement, six subordonnés serrèrent leurs fusils et se figèrent. L'unité de leur mouvement fut suivie d'une pause au cours de laquelle le second commandement aurait dû être donné.

Mais, durant ce répit, il se passa quelque chose, une chose qui vint briser le rythme. Le condamné toussa, se nettoya la gorge. Cette interruption bouleversa l'enchaînement des événements.

L'officier se tourna vers le prisonnier. Il s'attendait à l'entendre parler. Mais pas une parole ne vint. Se tournant de nouveau vers ses hommes, il s'apprêta à donner le commandement suivant. Mais une révolte soudaine s'empara de son esprit, une amnésie psychique qui fit de son cerveau un espace vide. Egaré, il restait coi devant ses hommes. Que se passait-il ? La scène dans la cour de la prison ne signifiait rien. Il ne vit plus objectivement qu'un homme, le dos au mur, en face de six autres hommes. Et ce groupe, là, sur le côté, comme ils avaient l'air idiot, semblables à des monstres dont le tic-tac se serait arrêté soudain.

Personne ne bougeait. Rien n'avait un sens. Il y avait quelque chose d'anormal. Tout cela n'était qu'un rêve et il devait s'en évader.

Obscurément, la mémoire lui revint peu à peu. Depuis quand était-il là ? Que s'était-il passé ? Ah oui ! Il avait donné un ordre. Mais quel était l'ordre suivant ?

Après « garde à vous », c'était « Portez armes ! » puis « En joue » et enfin « Feu ! ». Il en gardait une vague idée dans son inconscient. Mais les mots à prononcer semblaient lointains, vagues et hors de lui-même.

Dans l'embarras, il cria d'une façon incohérente, fit une confusion de mots qui n'avaient aucun sens. Mais il fut soulagé en voyant ses hommes présenter les armes. Le rythme de leur mouvement ranima le rythme de son cerveau. De nouveau, il cria. Les hommes mirent en joue.

Mais, pendant la pause qui suivit, des pas pressés se firent entendre dans la cour de la prison. L'officier le savait : c'était la grâce. Il reprit conscience aussitôt.

– « Arrêtez ! » hurla-t-il frénétiquement au peloton d'exécution.

Six hommes tenaient un fusil. Six hommes furent entraînés par le rythme. Six hommes, en entendant le cri « Arrêtez ! » firent feu.

Rythme,
paru dans *Cinémonde*, avril 1938

La parole est aux metteurs en scène

De Max Linder à Buster Keaton, de Jacques Tati à François Truffaut, tous ont leur mot à dire sur Charlie Chaplin : un professionnalisme hors pair, voire tatillon, une précision d'horloger dans l'enchaînement des gags et le rythme des scènes, l'invention du cinéma-vérité, la dimension tragique, l'émotion à fleur de peau. Coup de chapeau au plus grand des comiques.

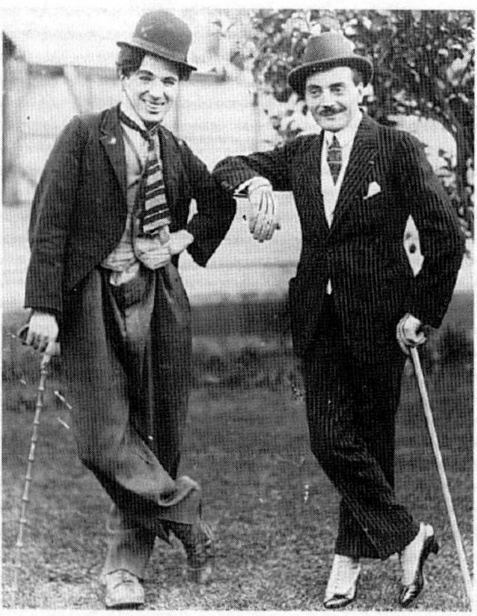

« Il m'appelle son professeur »

Quand deux grands comiques se rencontrent… L'un tourne à Paris, l'autre à Hollywood. Un hommage de Max Linder à Charlot.

Il est aisé, à la vue d'un film de Charlie Chaplin, de comprendre la somme de travail qu'il représente. Néanmoins, si prévenu qu'on puisse être, on ne saurait se faire une idée de l'effort continu et si intelligent de Charlie Chaplin.

Chaplin a bien voulu m'affirmer que c'était la vue de mes films qui l'avait incité à faire du cinéma. Il m'appelle son professeur, mais j'ai été bien heureux, quant à moi, de prendre des leçons à son école. On a raconté des folies sur Chaplin. Tout d'abord il est d'origine anglaise et non espagnole ou française comme on l'a dit. C'est moi qui lui ai appris qu'on l'appelait Charlot en France, et son frère Sydney, Julot. Cela les a énormément amusés et tout le jour ils s'appelaient eux-mêmes ainsi avec de grands éclats de rire. Charlot a été artiste dès son jeune âge. Il était musicien et compositeur remarquable.

Chaplin a construit son propre théâtre à Los Angeles où il exécute lui-même ses films avec le concours de son frère et d'une douzaine de collaborateurs rien que pour la mise en scène. Charlot tourne avec une minutie extraordinaire. Bien entendu, son théâtre est muni de tous les perfectionnements les plus modernes, de toutes les commodités, de tous les appareils. Mais le principal n'est pas dans les machines. Il est dans la méthode. Chaplin, en véritable humoriste, a étudié le rire et arrive à le provoquer avec une précision rare. Rien

Charlie Chaplin et Max Linder.

n'est laissé chez lui à l'improvisation. Il répète toutes ses scènes jusqu'à ce qu'il en soit content. Il tourne chaque répétition et les passe toutes en projection plusieurs fois, pour y découvrir le défaut ou l'imperfection qui nuit aux effets recherchés.

Max Linder, dans *Film*, 1919

« Le rire Espéranto »

Jean Cocteau a saisi toute la richesse du burlesque de Chaplin. Chacun y trouvera son compte : finesse des effets ou explosion de gags.

Chaplin, c'est le guignol moderne, il s'adresse à tous les âges, à tous les peuples. Le rire Espéranto. Chacun y cherche son plaisir pour des raisons différentes. Sans doute, avec son aide, eût-on achevé la tour de Babel. Comme jamais il ne souligne aucun des effets qu'il trouve sans interruption, les esprits rapides en jouissent alors que les autres se contentent de ses cabrioles.

Jean Cocteau, dans *Carte blanche*, 1919

Un travailleur acharné

Mack Sennett se souvient du Chaplin des débuts, quand il tournait pour la Keystone, en 1914 : l'acteur était exigeant, attentif, toujours présent.

Il était la personne la plus intéressée que j'aie connue pour tout ce qui le concernait, son avenir, le genre de chose qu'il tentait de faire. Il voulait travailler – et presque tout le temps. […] Toujours il se plaignait de ceci, de cela ou d'autre chose – du type de metteur en scène qu'il avait, du genre d'acteurs qui travaillaient avec lui, de ce que son rôle n'était pas assez ample, qu'il avait besoin sur scène de plus d'espace pour faire ce qu'il devait

P*our gagner sa vie* (*Making a Living*), le premier film, sorti en février 1914. Chaplin n'est pas encore Charlot.

faire et comme il voulait le faire. Et lorsque arrivait le moment de voir le film tourné, il était toujours présent ce jour-là, tandis que la plupart des acteurs qui jouaient dans le film étaient toujours absents. Si quelque chose lui déplaisait durant la projection, il faisait claquer sa langue et ses doigts, il remuait, s'agitait.

Mack Sennett, propos rapportés par Théodore Dreiser, août 1928

Le regard de l'enfant

Le cinéaste russe Eisenstein s'intéresse de près au cas Chaplin, y voyant le symbole de la liberté comme de la rébellion contre la guerre ou l'ultra-modernisme.

La caractéristique de Chaplin, c'est qu'en dépit de ses cheveux gris, il a conservé le « regard de l'enfant » et la spontanéité de ses réactions aux événements.

D'où sa liberté par rapport aux « entraves de la morale » et sa faculté de voir ce qui donne aux autres la chair de poule sous un aspect comique.

Chez un adulte, on appelle ça de l'« infantilisme ».

Donc, dans le comique de Chaplin, les situations sont surtout fondées sur des procédés infantiles. [...]

Chaplin donne la réplique à l'actualité.

A l'absurdité sanglante de la guerre dans *Charlot soldat*. Au monde de l'ultra-modernisme dans *Les Temps modernes*. Le partenaire de Chaplin n'est nullement le gros brutal et terrifiant qui, lorsqu'il ne tourne pas, gère un restaurant à Hollywood.

Son vrai partenaire, tout au long de son répertoire, est autre. Bien plus énorme, plus terrible, plus fort et plus impitoyable. Chaplin et l'actualité, un couple de partenaires, attelés l'un à l'autre, qui jouent sans fin, devant nous, des numéros de cirque. L'actualité est comme le clown « blanc », toujours sérieux.

Il a l'air intelligent et logique. Observateur et prévoyant. Mais c'est lui qui en fin de compte est ridicule, et dont on rit. Charlie a toujours le dessus avec son simple, enfantin partenaire. En riant avec insouciance, sans se rendre compte que son rire le tue.

S. M. Eisenstein, *Charlot le Kid*, 1944

M. Verdoux et notre temps

Contre ceux qui attaquent Chaplin à la sortie de Monsieur Verdoux, *Jean Renoir défend le nouveau visage de Charlot.*

En abandonnant les chaussures éculées, le chapeau melon et la badine du pauvre petit bonhomme en haillons, dont le retard pathétique nous faisait fendre le cœur, Chaplin entre délibérément dans un monde plus redoutable, parce que plus proche de celui où nous vivons. Son nouveau personnage, avec son pantalon bien repassé, sa cravate parfaitement nouée, bien vêtu, et ne pouvant plus espérer faire appel à notre pitié, n'est plus à sa place dans les bonnes vieilles situations dessinées à gros traits robustes où le riche opprime le pauvre d'une manière tellement évidente que le public le plus enfantin peut saisir immédiatement la morale de l'action. Nous pouvions imaginer, avant, que les aventures de Charlot se déroulaient dans un monde réservé au cinéma, que c'étaient des espèces de contes de fées. Avec *Monsieur Verdoux*, il n'y a plus d'équivoque possible. Il s'agit bien de notre temps, et les problèmes exposés sur l'écran sont bien nos problèmes. En sortant ainsi d'une formule qui lui offrait toute sécurité, en abordant de front la critique de la société au milieu de laquelle il vit lui-même, besogne dangereuse entre toutes, notre auteur hausse notre métier au rang des grandes expressions classiques de l'esprit humain

Charlie Chaplin sur le tournage de *Monsieur Verdoux*, en 1946.

et fortifie notre espoir de pouvoir le considérer de plus en plus comme un art.

Jean Renoir, « Non, monsieur Verdoux n'a pas tué Charlie Chaplin ! », *Ecran français*, 15 juillet 1947

Comme un astre qui tourne

Jean-Louis Barrault analyse les techniques du mime Chaplin : économie de moyens, sens du raccourci.

Sans vous faire pénétrer dans la « cuisine » du mime, je voudrais vous faire remarquer que toutes les attitudes de Charlot sont synthétisées dans son buste, que tous les mouvements rayonnent de ce centre vers toutes les parties du corps à la fois. Si Charlot fait l'homme ivre, il ne joue pas à l'homme dont les jambes sont molles, il est saoul de la tête aux pieds, il est comme un astre qui tourne.

Et il « n'en fait » jamais trop ; son sens du raccourci n'est jamais en défaut. Là où tout autre eût gesticulé deux minutes, Charlot s'exprime en quinze secondes.

Jean-Louis Barrault, *Ciné-Club*, nº 4, 1948

Une précision d'horloger

On compare souvent le comique de Buster Keaton et celui de Chaplin, tous deux formés auprès de Mack Sennett.

Je dois affirmer que Charlie est, dans le privé, le plus gai des compagnons et le plus délicat. A la vérité, c'est dans le travail qu'il est le moins drôle, si je puis dire. Calme, froid, lucide, attentif, il pousse son amour de la perfection à la minutie d'un collectionneur maniant des ailes de papillon.

On ne s'émerveillera jamais assez d'ailleurs de sa science du détail, de ce mouvement d'horlogerie que représente chacun de ses films, et qui est, peut-être, l'essence de son génie, un élément plus important que son art du gag, car par cette précision parfaite, son sens comique est moulé dans une matière éternelle : dans la pâte humaine même.

Buster Keaton, dans *Arts*, 3 octobre 1952

Charlot et Monsieur Hulot

Jacques Tati démontre avec brio ce qui le sépare de Chaplin quant à la conception d'un gag. Tous deux appartiennent à des écoles opposées.

Il est certain, lorsqu'on fait quelque chose d'amusant, ou à prétentions comiques, que l'on en revient à Chaplin. […] Mais on parle souvent à tort et à travers, on mélange les styles et ça, c'est très grave. Je prends le cas d'un gag que vous avez vu dans *Les Vacances de M. Hulot*. M. Hulot arrive au cimetière. Il a besoin de faire repartir sa voiture, cherche une manivelle dans le coffre arrière, sort un pneu, le pneu est transformé en couronne, et, cette couronne, l'ordonnateur des pompes funèbres croit que M. Hulot est venu l'apporter. […]

Dans le cas de Chaplin […], il aurait fait la même entrée que Hulot, mais, voyant que la situation est catastrophique, […] il aurait, pour le spectateur, collé lui-même les feuilles sur la chambre à air, transformé la chambre en couronne et elle aurait été acceptée de la même façon par le garçon qui s'occupait du service. Et là, les spectateurs auraient trouvé le personnage merveilleux parce que, au moment même où personne n'aurait rien pu imaginer pour le sortir de cette situation, il aurait inventé, sur l'écran, pour les spectateurs, un gag. […] C'est là où l'on sent vraiment qu'il y a deux écoles tout à fait différentes, tout à fait opposées, car Hulot n'invente jamais rien. […] Dans la construction comique de Chaplin, vous avez une part de resquille, ce qui amuse énormément les spectateurs, parce que dans la resquille, il y a une invention.

Jacques Tati, « Entretien avec A. Bazin et F. Truffaut, *Cahiers du cinéma*, mai 1958

Plan-séquence et cinéma-vérité

Le pape de la Nouvelle Vague est proprement dithyrambique : Godard voit en Chaplin un cinéaste humain, un inventeur, un homme libre.

Il est au-dessus de tout éloge puisque c'est le plus grand. Quoi dire d'autre ? Le seul cinéaste, en tout cas, qui peut supporter sans malentendu le qualificatif si fourvoyé d'humain. De l'invention du plan-séquence dans *Charlot boxeur* à celui du cinéma-vérité dans le discours final du *Dictateur*, Charles Spencer Chaplin, tout en restant en marge de tout le cinéma, a finalement rempli cette marge de plus de choses (quels autres mots employer : idées, gags, intelligence, honneur, beauté, gestes ?) que tous les cinéastes […]. On dit aujourd'hui Chaplin comme on dit Vinci, ou plutôt Charlot comme on dit Léonard. Et quel plus bel hommage, en ce milieu de vingtième siècle, rendre à un artiste de cinéma que de citer ce mot de Rossellini après la vision d'*Un roi à New York* : « C'est le film d'un homme libre. »

Jean-Luc Godard, dans *Les Cahiers du cinéma*, numéro spécial sur le cinéma américain, 1964

Le seul cinéaste à avoir connu la faim

Pour François Truffaut, les films de Charlot sont d'autant plus pathétiques qu'ils ont été créés à partir de l'enfance même du cinéaste.

Charlie Chaplin, abandonné par son père alcoolique, a vécu ses premières années dans l'angoisse de voir sa mère emmenée à l'asile, puis lorsqu'on l'y emmenait effectivement, dans celle de se faire rafler par la police ; c'est un petit clochard de neuf ans qui rasait les murs de Kensington Road, vivant ainsi qu'il l'écrit dans ses *Mémoires :* « dans les couches inférieures de la société ». Si je reviens sur cette enfance qui a été si souvent décrite et commentée, à tel point peut-être qu'on en a perdu de vue la crudité, c'est que l'on doit voir ce qu'il y a d'explosif dans la misère lorsqu'elle est totale. Quand Chaplin va entrer à la

Le Dictateur (*The Great Dictator*), 1940.

Keystone pour y tourner des films de poursuite, il courra plus vite et plus loin que ses collègues du music-hall, car s'il n'est pas le seul cinéaste à avoir décrit la faim, il est le seul à l'avoir connue, et c'est ce que ressentiront les spectateurs du monde entier lorsque les bobines vont commencer à circuler à partir de 1914.

François Truffaut, préface à *Charlie Chaplin* d'André Bazin, Ramsay Poche Cinéma, 1988

Le plus grand des clowns

En voyant Le Cirque, *Jerry Lewis sent naître en lui une vocation de clown.*

Il est fabuleux ! Il fait toutes sortes de choses avec son corps et son visage. Il se tient droit comme un automate, fait virevolter sa canne tout en montant à la corde, jaillit de la cage aux lions et grimpe à un poteau – je n'ai jamais rien vu d'aussi drôle.

Je hurle de rire à la scène où il est pendu au milieu de centaines de miroirs déformants le montrant sous des dizaines d'angles différents. Mais, en même temps, je souffre de la triste réalité de ma propre vie. J'ai le sentiment que je préférerais vivre dans un monde d'illusionnistes où je pourrais être qui je veux – un soldat, un marin, un médecin, un avocat – n'importe qui. Bien sûr… Je peux devenir un clown. Je peux le devenir, je le sais.

Jerry Lewis, *Dr Jerry et Mr Lewis*, Stock Cinéma, 1982

Le Don Quichotte du burlesque

Howard Hawks reconnaît tout ce qu'il doit à Chaplin et sent combien son comique effleure toujours la tragédie.

J'ai eu un formidable professeur, Chaplin. C'est probablement notre meilleur comique. Et tout ce qu'il fait de drôle vient de la tragédie. C'est sur cela que je travaille. J'ai voulu faire un *Don Quichotte* avec Cary Grant et Cantiflas. Les gens me disaient : « Mais ce n'est pas une comédie, c'est une tragédie. » Et il fallait que je me lance dans de grandes explications. Je crois que l'on aurait pu en faire quelque chose d'amusant. Je crois que Don Quichotte est la véritable origine du personnage de Chaplin. […] J'aime beaucoup les films de Keaton. Mais Chaplin est vraiment le meilleur. »

Joseph McBride, *Hawks on Hawks*, University of California Press, 1982

FILMOGRAPHIE

La numérotation utilisée ici est celle établie par Uno Asplund en 1971 dans *Chaplin's Films*, et suivie par les autres ouvrages sur Chaplin.

LES FILMS KEYSTONE

Production : Keystone Film Company
Producteur : Mack Sennett
Scénario et mise en scène : Charles Chaplin (sauf indication contraire)

1914

1. *Pour gagner sa vie* (*Making a Living*).
Mise en scène : Henry Lehrman
2. *Charlot est content de lui* (*Kid Auto Races at Venice*).
Mise en scène : Henry Lehrman
3. *L'Etrange Aventure de Mabel* (*Mabel's Strange Predicament*).
Mise en scène : Henry Lehrman et Mack Sennett
4. *Charlot et le parapluie* (*Between Showers*).
Mise en scène : Henry Lehrman
5. *Charlot fait du cinéma* (*A Film Johnnie*).
Mise en scène : George Nichols
6. *Charlot danseur* (*Tango Tangles*).
Mise en scène : Mack Sennett
7. *Charlot entre le bar et l'amour* (*His Favorite Pastime*).
Mise en scène : George Nichols
8. *Charlot marquis* (*Cruel Cruel Love*).
Mise en scène : George Nichols
9. *Charlot aime la patronne* (*The Star Boarder*).
Mise en scène : George Nichols
10. *Mabel au volant* (*Mabel at the Wheel*).
Mise en scène : Mabel Normand et Mack Sennett
11. *Charlot et le chronomètre* (*Twenty Minutes of Love*)
12. *Charlot garçon de café* (*Caught in a Cabaret*).
Mise en scène : Mabel Normand
13. *Charlot est encombrant* (*Caught in the Rain*)
14. *Madame Charlot* (*A Busy Day*)
15. *Le Maillet de Charlot* (*The Fatal Mallet*).
Mise en scène : Mack Sennett
16. *Le Flirt de Mabel* (*Her Friend the Bandit*).
Metteur en scène inconnu
17. *Charlot et Fatty dans le ring* (*The Knockout*).
Mise en scène : Charles Avery
18. *Charlot et les saucisses* (*Mabel's Busy Day*).
Mise en scène : Mabel Normand
19. *Charlot et le mannequin* (*Mabel's Married Life*)
20. *Charlot dentiste* (*Laughing Gas*)
21. *Charlot garçon de théâtre* (*The Property Man*)
22. *Charlot peintre* (*The Face on the Bar Room Floor*)
23. *Fièvre printanière* (*Recreation*)
24. *Charlot grande coquette* (*The Masquerader*)
25. *Charlot garde-malade* (*His New Profession*)
26. *Charlot et Fatty en bombe* (*The Rounders*)
27. *Charlot concierge* (*The New Janitor*)
28. *Charlot rival d'amour* (*Those Love Pangs*)
29. *Charlot mitron* (*Dough and Dynamite*)
30. *Charlot et Mabel aux courses* (*Gentlemen of Nerve*)
31. *Charlot déménageur* (*His Musical Career*)
32. *Charlot papa* (*His Trysting Place*)
33. *Le Roman comique de Charlot et Lolotte* (*Tillie's Punctured Romance*).
Mise en scène : Mack Sennett
34. *Charlot et Mabel en promenade* (*Getting Acquainted*)
35. *Charlot roi* (*His Prehistoric Past*)

LES FILMS ESSANAY

Production : Essanay Film Manufacturing Company
Producteur : Jesse T. Robbins
Scénario et mise en scène : Charles Chaplin
Photographie (sauf pour le film *Charlot débute*) : Harry Ensign
Rôle principal féminin : Edna Purviance (sauf dans le film *Charlot débute*)

1915

36. *Charlot débute* (*His New Job*)
37. *Charlot fait la noce* (*A Night Out*)
38. *Charlot boxeur* (*The Champion*)
39. *Charlot dans le parc* (*In the Park*)
40. *Charlot veut se marier* (*A Jitney Elopement*)
41. *Charlot vagabond* (*The Tramp*)
42. *Charlot à la plage* (*By the Sea*)
43. *Charlot apprenti* (*Work*)
44. *Mamzelle Chaplin* (*A Woman*)
45. *Charlot à la banque* (*The Bank*)
46. *Charlot marin* (*Shanghaied*)
47. *Charlot au music-hall* (*A Night in the Show*)

1916

48. *Charlot joue Carmen* (*Charlie Chaplin's Burlesque on Carmen*)
49. *Charlot cambrioleur* (*Police*)
50. *Les Avatars de Charlot* (*Triple Trouble*)

LES FILMS MUTUAL

Production : Lone Star Mutual
Producteur, scénario et mise en scène : Charles Chaplin
Photographie : Frank D. Williams (pour les films *Charlot chef de rayon*, *Charlot pompier* et *Charlot violoniste*), et Roland Totheroh (pour tous les autres films)
Rôle principal féminin : Edna Purviance (sauf dans le film *Charlot rentre tard*)

1916

51. *Charlot chef de rayon* (*The Floorwalker*)
52. *Charlot pompier* (*The Fireman*)
53. *Charlot violoniste* (*The Vagabond*)
54. *Charlot rentre tard* (*One A.M.*)
55. *Charlot et le comte* (*The Count*)
56. *Charlot et l'usurier* (*The Pawnshop*)
57. *Le machiniste* (*Behind the Screen*)
58. *Charlot patine* (*The Rink*)

1917

59. *Charlot policeman* (*Easy Street*)
60. *Charlot fait une cure* (*The Cure*)
61. *L'Emigrant* (*The Immigrant*)
62. *Charlot s'évade* (*The Adventurer*)

LES FILMS FIRST NATIONAL

Production : Charles Chaplin et First National
Producteur, scénario et mise en scène : Charles Chaplin
Photographie : Roland Totheroh
Rôle principal féminin : Edna Purviance

1918

63. *Une vie de chien* (*A Dog's Life*)
64. *The Bond*
65. *Charlot soldat* (*Shoulder Arms*)

1919

66. *Idylle aux champs* (*Sunnyside*)
67. *Une journée de plaisir* (*A Day's Pleasure*)

1921

68. *Le Kid* (*The Kid*)
69. *Charlot et le masque de fer* (*The Idle Class*)

1922

70. *Jour de paie* (*Pay Day*)
71. *Le Pèlerin* (*The Pilgrim*)

LES FILMS UNITED ARTISTS

Production : Regent-United Artists
Producteur, scénario et mise en scène : Charles Chaplin
Photographie : Roland Totheroh (jusqu'au film *Les Temps modernes*)

1923

72. *L'Opinion publique* (*A Woman of Paris*), avec Edna Purviance, Adolphe Menjou

1925

73. *La Ruée vers l'or* (*The Gold Rush*), avec Georgia Hale

1928

74. *Le Cirque* (*The Circus*), avec Merna Kennedy

1931

75. *Les Lumières de la ville* (*City Lights*), avec Virginia Cherrill

1936

76. *Les Temps modernes* (*Modern Times*), avec Paulette Goddard

1940

77. *Le Dictateur* (*The Great Dictator*), avec Paulette Goddard. Photographie : Karl Struss et Roland Totheroh

1946

78. *Monsieur Verdoux*, avec Marilyn Nash, Martha Raye. Photographie : Curt Courant et Roland Totheroh

1952

79. *Les Feux de la rampe* (*Limelight*), avec Claire Bloom, Buster Keaton, Sydney Chaplin. Photographie : Karl Struss

LES PRODUCTIONS BRITANNIQUES

1957

80. *Un roi à New York* (*A King in New York*), avec Dawn Addams. Production : Attica-Archway. Photographie : George Périnal

1967

81. *La Comtesse de Hong Kong* (*A Countess from Hong Kong*), avec Sophia Loren, Marlon Brando. Production : Universal Pictures. Photographie : Arthur Ibbetson

BIBLIOGRAPHIE

– Bazin, André, Rohmer, Eric, préface de François Truffaut, *Charlie Chaplin*, Paris, Ramsay, 1985.
– Bessy, Maurice, *Charlie Chaplin*, Paris, Pygmalion, 1984.
– Chaplin, Charles, *Histoire de ma vie*, trad. fr., Paris, Robert Laffont, 1964.
– Chaplin, Charles, *My Life in Pictures*, Londres, The Bodley Head, 1974.
– Chaplin, Charles Jr., *Charlie Chaplin, mon père*, trad. fr., Paris, Gallimard, 1961.
– Epstein, Jerry, *Charlie Chaplin. Portrait inédit d'un poète vagabond*, trad. fr., Paris, Gremese International, 1994.
– Magny, Joël (dir.), *Charlie Chaplin*, Paris, Cahiers du cinéma, 1987.
– Martin, Marcel, *Charlie Chaplin*, Paris, Edilig, 1984.
– Mitry, Jean, *Tout Chaplin*, Paris, Atlas, 1987.
– Nysenholc, Adolphe, *Charlie Chaplin ou la Légende des images*, Paris, Klincksieck, 1987.
– Philippe, Claude-Jean, *Le Roman de Charlot*, Paris, Fayard, 1987.
– Robinson, David, *Chaplin : The Mirror of Opinion*, Londres, Secker Warburg, 1983.
– Robinson, David, *Chaplin, sa vie, son art*, trad. fr., Paris, Ramsay, 1987, édition abrégée.
– Sadoul, Georges, *Vie de Charlot : Charles Spencer Chaplin, ses films et son temps*, Paris, Ramsay, 1991.

TABLE DES ILLUSTRATIONS

COUVERTURE

OUVERTURE

CHAPITRE I

CHAPITRE II

CHAPITRE III

CHAPITRE IV

TÉMOIGNAGES ET DOCUMENTS

INDEX

A

B

CRÉDITS PHOTOGRAPHIQUES

Les illustrations de cet ouvrage proviennent des archives Chaplin (© Roy Export Company Establishment, Paris, et © Bubbles Incorporated S.A. ®), à l'exception de : Archive Photos France, Paris 3, 60b, 66b, 104, 105, 107, 110/111, 111, 112. Cahiers du cinéma, Paris 101h. Cinémathèque française, Paris 29. Peter Jackson Collection, Londres 13, 18h. David Robinson, Londres 2e plat, dos, 14b, 15h, 15b, 16/17, 18b, 20h, 20b, 22, 32d, 38, 38/39g, 40/41, 41h, 50bg, 51d, 52h, 56d, 58b, 68d, 74g, 76h, 76b, 92b, 102, 103b, 108/109.

REMERCIEMENTS

L'auteur et l'éditeur remercient Mme Pamela Paumier des archives Chaplin (© Roy Export Company Establishment, Paris) ainsi que la famille Chaplin. L'éditeur remercie l'*American Magazine*, le *New York Times*, les éditions Robert Laffont, *Les Cahiers du cinéma*, les éditions Ramsay, les éditions Stock et University of California Press.

ÉDITION ET FABRICATION

DÉCOUVERTES GALLIMARD
DIRECTION Pierre Marchand et Elisabeth de Farcy.
GRAPHISME Alain Gouessant. FABRICATION Violaine Grare. PROMOTION-PRESSE Valérie Tolstoï.
CHAPLIN
ÉDITION Delphine Babelon et Valérie Mettais. MAQUETTE Roberta Maranzano et Dominique Guillaumin (Témoignages et Documents). ICONOGRAPHIE Valérie Mettais. LECTURE-CORRECTION François Boisivon. PHOTOGRAVURE Arc-en-ciel. MONTAGE PAO Palimpseste.

Table des matières